ジョゼフ・エプスタイン著
屋代通子訳

嫉妬の力で世界は動く

築地書館

Envy The Seven Deadly Sins
by Joseph Epstein

This translation published by arrangement with Oxford University Press

Translated by Michiko Yashiro
Published in Japan by Tsukiji Shokan Publishing Co., Ltd.

はじめに

オックスフォード大学出版局の七つの大罪シリーズに興味はないかと尋ねられたとき、その時点で「高慢」と「暴食」、それに「貪欲」はすでに終了していた。わたしに残されていた選択肢は、「憤怒」「怠惰」「色欲」、そして「嫉妬」だった。

暴食は、つばをつけられていなければ、わたしにとって魅力的な題材だった。イギリスの文芸評論家シリル・コノリーの有名な言葉をひっくり返して言えば、痩せた男から太った男が長年顔を出したがっていたわけだ。

また、怠惰にも惹かれるものを感じていた。わたしは神経質な気質で——ビビリ屋、つまり、いつもパンツに針が入っているような気分を抱いている人間なわけで、長く熱心に

怠惰をするなどということができた試しがなかった。自分の人生においては実現できないとしても、のらくらを天命とするようなことを文章にしてみたいと、いたく心を動かされたのだ。

一方色欲は、悲しいかな、最初から眼中になかった。男も一定の年齢を過ぎると――残念ながら、わたしはその年齢に達してしまったと思うのだが――あまり色欲を持ちすぎてはみっともないと思うのだ。まあ、わいせつだとまでは言わないが。

そう、結局のところ、わたしは嫉妬深い人間なのであろう。最初から認めればよかった。

精神科医の友人は、わたしが彼の知る限りもっとも嫉妬心の薄い人間だから、嫉妬という主題を語るのにふさわしくないと言ってくれた。これがほんとうなら、愉快なことだ。しかし、わたしもほどほどに内省できる人間であるので、それほど甘くはないことも承知している。嫉妬について書くために十分、いや十分すぎるほど、これまでの人生で嫉妬を抱いてきた。

もちろん、聖人や生まれながらの偉大なスポーツマン、神々しいまでの美女、大富豪の跡取りなど、嫉妬を知らない人種の存在も考えられないことはない。しかし、そのような可能性には疑念を抱くことをご容赦いただきたい。人間たる者、あやまちを犯すことはありうるし、嫉妬を抱くことに議論の余地はない。

対抗心をむき出しにしていると思われたくはないのだが、わたしには、七つある大罪のうちで嫉妬がもっとも幅広く、狡猾にほかの大罪に侵食しているように思われる。貪欲は嫉妬からはじまるし、色欲や暴食にも嫉妬の痕跡が認められる（他人が姦通しているところやいいものを食べているところを、喜んで見たい人間などいないだろう）。憤怒のなかに身を潜め、くすぶるようにして嫉妬はその一部をなしている。そして、高慢と嫉妬は切っても切れない関係だ。ちょうど敗北感のあとに悪意が生まれるように、高慢に思い上がった気持ちがへし折られると、嫉妬が芽生える。といっても、わたしの大罪を選ぶにあたり、愛らしい嫉妬に必要以上に肩入れしているわけではないつもりなのだが。

さて、嫉妬そのものを話題にする前に、七つの大罪の本質について少々触れておくのが妥当だろう。

一九五〇年代に、当時《ロンドン・サンデー・タイムズ》の編集委員だったイアン・フレミング（かの００７シリーズの原作者でもある）が、編集会議で七つの大罪を題材にとった掌編集を編むことを提案し、了承された。そして、イギリス文壇の逸材たちが執筆を依頼された。「嫉妬」はアンガス・ウィルソン、「高慢」はイーディス・シットウェル、「貪欲」はシリル・コノリー、パトリック・リー＝ファーマーには「暴食」、イーヴリン・ウォーが「怠惰」、「色欲」を依頼されたのがクリストファー・サイクスで、Ｗ・Ｈ・オーデンが「憤怒」を任された。いやはや、当時の地上には、なんと偉大な罪の年代記作家たちが闊歩していたことか。

この本に五ページのまえがきを寄せたイアン・フレミングは、七つの大罪ひとつひとつにやさしい言葉をかけ、さらに述べている。

「こういった罪がなければ、われわれの生活がどれほど生彩を欠いてしまうだろうか。わたしたちの血肉のなかに、こうした罪の味つけがほどよく認められるのでなければ、わた

したちはただの腑抜けた犬である」

　彼はまた、偉大なる画家たちが色の三原色を必要とするように、文学においても主要な題材として、罪の存在が必要だと指摘している。


　イアン・フレミングは、現代における七つの大罪・最新版を提案した。「貪欲」「冷酷」「俗物根性」「偽善」「独善」「世間体」「悪意」。そして七つの恐るべき大徳を列挙し、とてもスマートにまえがきを締めくくった。そこには、「倹約」「慈善（自分の利害から生じたもの）」「社交性」「服従（こびへつらいに陥りかねない場合）」「（極端な）几帳面」「（病的なまでの）清潔」「純潔（冷感症の隠れ蓑）」が挙げられた。

　フレミングの考える現代版・七つの大罪のひとつである「俗物根性」について、本を出版し、当代アメリカきっての俗物通を自任している身としては、俗物における七つの大罪をリスト化したい誘惑に抗しきれない。

　では発表しよう（ジャジャジャジャーン）。

友人に仔牛肉とアイスバーグレタスをごちそうする
友人に仔牛肉かアイスバーグレタスをごちそうする
子どもを実学志向の大学に行かせる
ジョージ・ブッシュ（父、息子どちらでも）に投票したことを認める
四輪駆動のキャデラックを買う
人前でジーンズを馬鹿にする
少々太り気味の女性と甘口ワイン、チャイコフスキーが好みだとあけすけに認める

ともあれ本来の七つの大罪も、あいかわらず重みを持っている。これらを用無しにしてしまうわけにはいかない。単に人類の恒常的なモラルの問題としてだけでなく、文学にも大きな位置を占めているからだ。格言の類にちょっとでも目を向けてみれば、七つの大罪がこの世から消えると、フランスの道徳家をはじめ、失業しかねない作家が山ほどいることがわかるだろう。

＊

嫉妬の起源は、知恵の起源と同様に未知であり、謎である。自分の信仰に信念を持っている人のなかには、嫉妬は原罪に由来すると考える人もいるだろう。エデンの園から追放されるときの荷物に、一緒にくっついてきたものだ。聖書は嫉妬にまつわる話で満ちている。ある場合では明らかに、多くは婉曲に。嫉妬とは、何より秘められた感情であり、人は自分の行動の裏に実は嫉妬の思いがあることを、しばしば自分でも気づかずにいる。

おもしろいことに、数多くの哲学者たちのあいだでも、嫉妬について特に深い洞察を見せているのはすべてひとり者だ。カント、キルケゴール、ショーペンハウアー、ニーチェを代表格として。この前提をどうとらえよう。

ニーチェは、妻帯している哲学者など物笑いの種だと言っている。彼が念頭においていたのは、もっとも偉大な哲学者ソクラテスが妻のクサンティッペに引きずられて——それもおそらくは、耳を引っぱられて——自宅へ連れ戻される場面であったに違いない。

小柄で背中は曲がり、自分は長生きしないと考えていた（四二歳で死んでいるのだから間違っていなかったわけだ）キルケゴールには、世間を見まわせば、うらやむことはたくさんあっただろう。しかし彼は、嫉妬を抱くかわりにそれを丹念に調べ、嫉妬はまるで小さな町のスポーツだと喝破した。彼は早くから、平等を目標に定めた均一的な社会では、嫉妬が一層強くなりがちであると指摘していた。

キルケゴールによれば、嫉妬は「平準化の形をとる。熱情に満ちた時代には加速し、高まり、上昇し、品位を下げるが、比較的無気力感の漂う時代には反対に、抑圧し、妨げ、標準化する」のだという。標準化と嫉妬の関係についてはあとで詳しく述べることとしよう。

イマヌエル・カントは、毎日ケーニヒスベルクの街を散策するうちに、嫉妬が自然な衝動であると確信するにいたった。

嫉妬は「マン（人類）の性質に生まれつき備わっている（両性の機会均等に配慮し、ウーマン（女性）の性質にも生まれつき備わっているとつけ加えておこう）ものであり、表に出すだけでもいとわしい悪徳となる。この熱情を向けられた人にとって悩ましく苦痛であるだけでなく、その者の幸福を破壊する意図がある。自身に対し、人間としてなすべき本分に反するばかりでなく、他者への義務にも反するものだ」。

カントの考えによれば、「他者の美点によりくもってしまった自身の美点を見る気がなくなってしまう」ため、嫉妬は自身に反するものなのだという。

カントはまた、忘恩も嫉妬の一部門だとみなし、「憎悪という人間の悪徳の一部であり、人間の愛とは一八〇度対極にある」と述べた。

ニーチェの仕事にも、一貫して嫉妬への言及がうかがえる。ニーチェは、フランス革命とそれに続く諸国の革命は、嫉妬の炎にあおられたと考えていた。

彼は、精神的に小さな人間が精神的に大きな人間をうらやむものと仮定し、「あわれみという黄金の鞘が、嫉妬の刃を隠している」と書いた。「わたしたちが友人に、わたしたちをうらやむ理由をひとつも与えないとしたら、それは幸運な状況である」と感じていた。これはまさに、「六人か七人ばかりの偉大なる人物を得るために、自然は人間（ニーチェはこの語を国家の意味で用いている）というまわり道をする」と書いた哲学者の言いそうなことだ。

嫉妬を哲学的な見地から見た考え方でわたしが気に入っているのは、ショーペンハウアーだ。といっても、実のところ、わたしはショーペンハウアーその人に弱い。下手な翻訳でも十分読むに堪えるところだって彼自身の力だと思うし、彼の暗さはあまりにも飛びぬけていて――「夜は苦かった／ショーペンハウアーと過ごした夜」とアイラ・ガーシュウィンも書いている――読んだあとは、まわりの世界が自動的に光り輝いて見えるほどだ。

ショーペンハウアーは、「人間は底の底では野蛮で残忍な生き物だ」とし、それを手なずけ、抑制するのが文明だと言っている。人間の獰猛さを飼いならす仕事は、ショーペンハウアーの確固たる視点によれば、めったにうまくいかない。

「自分を中心にすえたがる人間の性質は境を知らずに広がり、そのなかには、憎悪や怒り、嫉妬、遺恨、悪意などが加わり、毒蛇の牙に仕込まれた毒のように、積み重なって吐き出されるときを待っている。それはまるで鎖を解き放たれた悪魔のように、荒れ狂うだろう」

気軽に「楽しいやつ」とはちょっと呼べないショーペンハウアーである。

とはいえ、ショーペンハウアー式嫉妬に関する教理問答集・簡略版を紹介しよう。

・自分を不幸に感じていると、自分を幸福に感じている人を見るのが耐えられない。
・他人が喜んだり、何か所有したりしているのを見て、自分に足りないものをいっそう苦々しく思うのは自然で避けられない。
・憎悪は常に嫉妬とともにある。

彼はさらに、人がもっとも痛切に嫉妬をおぼえるのは、生まれつきの能力や才能に対してであると報告している。つまり、知性や（音楽や数学などの）天分、それに美貌などだ。

ここに挙げた人物たちを含め、大勢の哲学者たちが、嫉妬は人に根づき、あらゆる社会に浸透していると考えている。そうした著作を読んでみると、わたしたちが自分や他人の行動を判断する際、嫉妬を勘定に入れなければならないということがはっきりしてくる。

もし厳密で公正な判断を行おうとするなら、自分が嫉妬に侵されていないと確信していなければならない。そのためには、まず嫉妬が働く仕組みを理解することが必要だ。何が引き金となって嫉妬をおぼえるのか、どうして嫉妬を抱いたままでいるのか、その結果、どういうことが起こるのか。

人生において深刻な挫折につきあたったり、癒しようのない悲しみに出合ったりすると、人はつい問いかけたくなる──なぜわたしに？　と。だが嫉妬深い人の場合、この問いが微妙に違ってくる。人が自分より幸運に恵まれているのを見て、「なぜわたしじゃないの？」となるわけだ。「どうしてこの人はわたしよりきれいなの？」「なぜこの男はおれより金持ちで力があるのか？」「どうしてこの連中はぼくにない才能や能力にあふれているのだろう？」

チェスターフィールド卿は、「人は、自分が劣っているところを感じさせる相手を憎む」

と言っている。たしかにそんなとき、わたしたちは、「なぜ自分はのけものなんだ」「なぜ自分ではないんだ」と言わずにいられない。

*

職業によって、ほかよりも嫉妬を抱きやすい仕事がある。そのなかでも文学は、もっとも顕著なもののひとつではないかと、わたしは強く危ぶんでいる。学術の世界もまた、嫉妬という地雷がびっしりと埋まっている分野だ（ひょっとしたら、わたし自身がこの両分野に関係しているので、こんな感触を持っているのかもしれない。キルティングの世界でも相撲の世界でも、負けないくらい深い嫉妬が見られるのだろう）。もしも空気のなかに漂う嫉妬を嗅ぎ取りたいなら、マッカーサー奨学金の受給者が発表された朝、ハーバードやイェール、プリンストンにシカゴ、バークレーかスタンフォードのキャンパスに行ってみるといい。

文学の世界においても学術分野の場合と同様、名声や金などを勝ち取る基準はいたってあいまいだ。そのため、しょっちゅう論争を引き起こしているし、同じ系統で仕事をしている者たちが嫉妬やうらみ、悪意を抱くもとになる。

ウィリアム・ハズリットの格言を集めた『ハズリット箴言集―人さまざま』では、嫉妬に関する名言が多い。

「自分を信用できない者は、人をうらやみがちだ。それはちょうど、弱くて臆病な者ほど執念深いことと似ている」

イギリスの小説家アーノルド・ベネットは、一九〇八年四月一日の日記に「これ以上ないくらい幸せ」と記し、その四週間後には、「サマセット・モームの芝居がまたしても成功したと、昨日と今日の新聞で読み、自分のなかにはっきりと嫉妬の感情を認めた。いま、かかっているのは三作目だ。今日の《デイリー・ニューズ》で新人作家を熱心にほめちぎる書評を読み、この新人がまだ一流には程遠い証拠を必死になって探した。主要な登場人物の性格が、やや紋切り型なのを見つけてほっとした……」と書いている。

シンシア・オジックは、『嫉妬、あるいはアメリカのユダヤ人』なるすばらしい短編で、合衆国に移民し、イディッシュ語で小説を書こうとするが、いい翻訳家がいないため、賞を受けるチャンスに恵まれない作家たちの世代を描き出している。彼らが取ってもよかったはずの輝かしい文学賞は、全部アイザック・バシェヴィス・シンガーにかっさらわれるのだ。小説の主人公は叫ぶ。

「どうしてオストーヴァー（作中でシンガーをモデルにした人物）だけなんだ？　ほかの連中が取ったっていいじゃないか」

イギリスの小説家Ｌ・Ｐ・ハートリーは、美容整形を題材にした反ユートピア小説『フェイシャル・ジャスティス』で、みんながみんな誰とも容貌の違わない――正確にいえば、誰も人より美人でない――社会の絶望を描いた。小説では、法令によってすべての顔が同じでなければならない。ラストでは何もかもが崩壊していくのだが、驚くにはあたらない。この物語の寓意は、少なくとも現実社会では完全な平等は得られず、嫉妬の排除もかなわないということだ。

純然たる自由市場を信奉する資本主義者は、嫉妬もそれほど悪くはないと考えるかもしれない。

嫉妬によって人は願望をかき立てられ、ものを買う気にさせられる。おとなりさんに見劣りしないですむ方法は、結局のところ、おとなりさんよりたくさん買い込むことなのだ。

この観点からすると、広告産業なるものは全体として、嫉妬製造マシン以外の何ものでもない。衣服や車、宝石類など優美な品々を並べたて、望みのものはすぐ手の届くところにあるとそそのかす。もちろん届きなどしないのだが、仮に手が届いたとしても、嫉妬が眠りにつくのを許されることはない。もっともっと広告が流されて、あらたな欲望をかき立ててくるからだ。わたしたちがよそ見をしているとき、アダム・スミス言うところの「見えざる手」が長くて骨ばった中指を突き立てて、こっちを馬鹿にしているのではないだろうか。

『夢で責任が始まる』とはデルモア・シュワルツの短編のタイトルで、論理的には無理があるかもしれないが、すてきな言いまわしだ。無理があるというのは、逆もまた真であるからだ。「夢で無責任がはじまる」。

嫉妬は夢の、それも白昼夢のなかからはじまる、とわたしは考える。わたしたちが夢に見るものの代表格は、自分たちが持っていないもの、持てないもの、持たないほうがいいものだ。そしてそれらは、たいていはほかの人たちが持っているものでもある。どうして彼らなのか？　そしてまた、嫉妬を知るわたしたちは、「どうしてわたしたちじゃないのか？」と問うことだろう。

ここから先は、この問いをもう少し細かく、また深く見ていくこととしよう。

もくじ

Contents

本書は、ニューヨーク公共図書館とオックスフォード大学出版局による
キリスト教「七つの大罪」についての講演企画のうち、『嫉妬』の翻訳版である。

第1章
誰もが感じる嫉妬のひらめき

CHAPTER ONE
Not Jealousy

親友が不幸に見舞われたとき

心のどこかで

痛快に感じてしまう自分がいる

ラ・ロシュフーコー

七つの大罪のなかで唯一、嫉妬だけはまったくおもしろみがない。

怠惰はたいしておもしろく思えないかもしれないし、憤怒も同様である。ただ、どっぷり怠惰に身を任せることにはそれなりの快楽があるし、怒りを表現する解放感にはささやかな喜びがともなっていなくもない。

おもしろみがないかわりに、嫉妬は大罪のなかでもっとも複雑な、あるいは狡猾なもののように思われる。

第一に、嫉妬は人がもっとも持ちたくない大罪なのではないだろうか。何しろこの罪を認めるのは、自分がけちでしみったれで心が狭いと告白するようなものだからだ。ただし、万人にしみついているのもこの嫉妬というやつだ。ソクラテス、イエス・キリスト、マルクス・アウレリウス、聖フランチェスコ、マザー・テレサなど、ごく少数の例外を除き、人は誰しも、ときに嫉妬のひらめきを感じてしまう。もちろん、程度の差はあるだろう。ちくりとしたかすかな痛みから、心を切り裂くような傷まで。

また、嫉妬はとても広範に分布している。嫉妬にあたる言葉は、現在知られているすべての言語にあるそうだ。だから罪が人間の性質の一部であることを論証するには、嫉妬についていて語るのがいちばんだと容易に信じることができるだろう。

はたして嫉妬は「感情」なのか、「情動」なのか、「罪」なのか、「気質」なのか、「世界観」なのか。ひょっとしたら、ロールシャッハ・テストなのかもしれない――あなたが何に嫉妬しているかがわかると、あなたについて多くのことが判明する、というような。これらすべてを足して、さらにもっと大きなものなのかもしれない。

嫉妬――エンヴィ（envy）がそうとう強烈な言葉であることだけは、疑いの余地がない。英語という言語のなかでも、人を呆れかえらせる力をいまだに持っている数少ない語だ。

七つの大罪のうち、ほかの六つについて責められたとしても、わたしたちはまだ枕を高くして眠ることができる。しかし、嫉妬していると責められるのは実に辛い。そうした批判は、直接人間性に向けられるものだからだ。

ほかの罪は、宗教的に認められていなくとも、これほど完膚なきまでに人の品位を傷つけ、おとしめ、人間性を否定したりはしない。嫉妬という罪に込められているような、狭量という名の烙印はないのだ。

*

ウェブスター英語辞典の定義は、まったくもの足りない。

1. 悪意。
2. 他者が享受している利益に気づいて感じる痛みやうらみに、自分も同じ利益を享受したいという願いがともなった感情。

一方、オックスフォード英語辞典はかなりましで、嫉妬をまず「悪意、あるいは敵意に満ちた感情。反感、悪意、うらみ」とし、次に「積極的な悪意、危害、迷惑」としているが、いずれの用法も現在はあまり用いられていないという。

天下のオックスフォード英語辞典が本領を発揮するのは三番目の定義になってからだ。「他人の優位を思って生じる屈辱感、敵意」。この意味で「嫉妬」が使われるようになるのは一五〇〇年前後である。

さらに四番目の定義がある。

(a)自分より卓越して何かを達成した他者に並びたいという願望

(b)他者が享受している優位な立場に憧れる気持ち

これらは、「悪意をともなわずに」使われるものだという。アリストテレスは『弁論術』において、対抗心はいい意味での嫉妬であり、賞讃の念で終わる嫉妬だと書いている。したがって、人のいい点を見習おうとするときには、嫉妬から入るというのだ。

しかし、通常は嫉妬がこのように働かないことを、つけ加えておかなければならない。

嫉妬に関して、いい点などほとんどない。ほめられるのは嫉妬を振り捨てられたときくらいで、少しでも強い嫉妬の念をおぼえた経験のある者ならわかるとおり、それはけっして簡単なことではない。

オックスフォードの定義もウェブスターの定義も、エンヴィとジェラシー（jealousy）の決定的な違いには無頓着だ。ふたつの語の意味の差は有益なのだが、多くの人がそれをとらえそこない、間違って併用している。しかし、昔から取り違えていたわけではなかったのではないだろうか。

一九二六年にH・W・ファウラーが出した『現代英語用法』は、すばらしい語法事典だ。彼はこのなかで、エンヴィにもジェラシーにも項目を立てていない。当時は誤用されていなかったのだろう。

一方、一九八八年のブライアン・A・ガーナーの『アメリカ英語用法事典』には、「ていねいな文筆家は、このふたつの語を区別する」が、自分は十分な区別ができていないと書かれている。ガーナーは、「ジェラシーは心のかかわる問題を表す文脈でのみ使われるのに対し、エンヴィは自分より運のいい人間に対するうらみがましい思い一般に使われる」としている。

世に聞こえた語法の専門家の言い分に難癖をつけるのは、いかにも教養人になったような深い喜びを禁じえないので言わせてもらおう。「必ずしもそうではない」。ほんとうの定義は、「人は自分が持っているものにジェラシーを抱き、他人が持っているものにエンヴィを抱く」だ。

ジェラシーには、侮蔑の意味が込められない場合もある。尊厳や人権、名誉といったものにジェラシーするケースもあるのだ。一方エンヴィは、アリストテレスが述べた対抗心の意味合いで使われる場合を除き、常に侮蔑的だ。

俗に言うように、ジェラシーが「緑色の目をした怪物」だとするならば、エンヴィはやぶにらみで執念深く、視野の狭い赤色の目をしているだろう。ごくごく穏便に言っても、容貌さわやかな好漢とはかけはなれているのだ。

ジェラシーとエンヴィでは、ジェラシーのほうがしばしば激しく感じられるものだが、こちらのほうが現実的でもある。結局のところ、ジェラシーを感じて当然だという場面が、ときとしてあるものだからだ。

また、ジェラシーがいつも性にかかわっているとは限らない。評判や高潔さといったたいものに、正当なジェラシーを感じる場合だってある。ただし、エンヴィを正当化することはまず無理だ。エンヴィを感じることは、定義上、間違った行いなのである。

*

対抗心という意味合い以外の嫉妬で唯一、侮蔑的な意味合いを感じないものがあるとすれば、信仰への嫉妬だろう。わたし自身が感じている嫉妬でもあるし、読者のなかにも感じている方がいると思う。これは、心から深く知的な信仰心を持っていて、さまざまな危機や、死をはじめとする最悪の困難さえも乗り越えてしまうような人々をうらやむ思いだ。

もしも信仰がなく、それがどういう感情なのかを知りたいならば、フラナリー・オコナーの書簡集をおすすめする。輝くばかりの才能に恵まれた女性が、三〇代にして寿命をまっとうできないと知る。それでもカトリック信仰のおかげで、不平や恐怖を口にすることなく、最期を迎える心境が描かれている。

かつてそう遠くないある日、わたしはウィーンで完璧としかいいようのないベートーヴェンの第九を聴いたことがあり、非常に感銘を受けた。同時に、もし自分が宗教的な信仰心を持っていたら、さらに感動が深まったのではないかと考えた。ベートーヴェンの交響曲第九番は、いろいろな意味で宗教的な作品だと思うからだ。

悲しいかな、信仰への嫉妬もやはり嫉妬には違いなく、ひそやかに胸に秘めるほか仕方ないのである。

嫉妬はまた、漠然とした願いとも区別されるべきものだ。

世間を楽々と渡っているような人を見ると、人はうらやましがり、ああなりたいと願う。もう一度若い頃に戻れたらどんなにいいだろうと、切に望んだりもする。もっと金持ちになりたい、もっと背が高くなりたい、痩せたい、筋肉をつけたい、スマートになりたい、美しくなりたいなどなど、漠として願うものだ。

エンヴィはけっして漠然としたものではない。少なくとも、強く抱くエンヴィは、常に特定の何かに向けられるものなのだ。

嫉妬深い人は、不正や不当を数え上げたがる。

「嫉妬の成分のひとつは、正義を愛する気持ちだ」

ウィリアム・ハズリットは書いている。「わたしたちはいわれのある幸運によりも、いわれのない幸運にいっそう腹を立てる」と。

この言い分には一理あると思うが、わたしの感覚ではほんの一理にすぎない。嫉妬は正義への愛情以上に、個人的な感情をたびたび口に出す。

役に立つ定義をもうひとつ。「賞讃は幸せな投降であり、嫉妬は不幸な自己満足だ」とキルケゴールが『死に至る病』で書いている。

嫉妬の口をまずついて出る質問は、「わたしはどうなの？」である。なぜあの人が美貌に、才能に、富に、権力に、愛に、そのほかもろもろに、わたしより恵まれているの？なぜわたしじゃないの？

＊

ドロシー・セイヤーズも七つの大罪について短い本を書いており、そのなかでこう述べている。

「嫉妬は偉大なる平等主義者だ。持ち上げて平等にできないとなると、こきおろして平等にする……嫉妬はうまくしてもせいぜい上昇志向の俗物《スノッブ》であり、最悪の場合、破壊者になる。自分よりも幸せなほかの誰かを見るよりは、みんなが一緒にみじめになることを選ぶのだ」

嫉妬はみずからの心を毒してしまう。自分に何が足りないかよりも、ほかの人が何を持っているかが気になってしまう。嫉妬には「そねみ」という強烈な要素があり、そのために嫉妬深い人間は、カントが『人倫の形而上学』で触れたように、「人の幸福を破壊することに専念する」のだ。

人はときに、さしてうらみがましい気持ちもなく、誰かの家族や人生、健康や幸運を「ねたましい《エンヴィ》」と言うことがある。同様に、バカンスを台無しにしてやろうとたくらむわけでもなく、「南フランスで二カ月も休暇を過ごすなんて、うらやましい《エンヴィ》」と言ったりする。あるいは、「あれだけ責任の重い仕事を任されるなんて、うらやまし《エンヴィ》くないね」と言っていても、他人の肩に乗っている重荷が自分に降りかかってこないことを、ただ単に喜んでいる場合もある。

ほんとうは、賞讃と嫉妬の中間あたりに位置する言葉が必要なのだろう。しかし、才能と天分の中間あたりにくる言葉が足りないように、ちょうどいい頃合いの言葉は存在しない。言語とは不十分なものだ。

嫉妬を公然たる張り合いとも混同してはならない。

自分が欲しいと感じるもの——顧客だったり、地位だったり、政府の要職だったり、権力だったり——を持っている誰かに対して、かなり攻撃的に戦いを挑む場合もあるだろう。しかし、それが公然と行われるのならば性質は違ってくる。嫉妬はほぼ確実に、表には出てこない。陰でこそこそと、たくらまれるのだ。

ヘルムート・シェックの書いた『嫉妬——社会的行動の理論』は、このテーマをもっとも幅広く掘り下げている一書だ。そのなかで彼は、嫉妬は「静かでひそやかな経過をたどり、常に証拠の裏づけがあるとは限らない」と言っている。嫉妬が嫉妬たるには、かなり強烈な悪意が潜んでいなければならないようだ。

名乗ることのできない悪意、冷淡で、しかしひそやかな敵意、無力な欲望、隠されたうらみ、そして癇癪——そうしたすべてが、嫉妬の中心にひしめいている。

ラ・ロシュフーコーの語る嫉妬は、銀の短剣のように冴えている。

「親友が不幸に見舞われたとき、心のどこかで痛快に感じてしまう自分がいる」

そう、まったくもって痛快なのだよ、嫉妬《エンヴィ》くん。

第2章

世界を動かす嫉妬の力

CHAPTER TWO

Spotting the Envious

芸術家は

芸術のために権力や富や美しい女性の愛情を諦めるが

それによって権力と富と美しい女性の愛を得ることを期待する

フロイト

七つの大罪の権威たちは、これを熱い魂の罪と、冷血な罪とに二分する。

この分類でいくと、色欲、憤怒、暴食は熱い魂による肉体的な罪で、即物的な感情から生じる。高慢や貪欲、怠慢、嫉妬は精神状態から生じる冷血な罪だ。

冷血な罪のほうがより非難に値し、許しがたく、（怠慢を例外として）性質上、一段と冷酷である。なかでも、嫉妬がもっとも冷酷であることは容易にわかる。

では、どうしたら嫉妬深い人間を見分けられるだろうか。

肉体面からいうと、ホラティウスは、他者をうらやむ者は痩せると考えていた。おそらくこの点を踏まえてだろう、シェイクスピアは「痩せて飢えたカシウス」像を創造した。しかし、その後J・F・パワーズは、『闇のプリンス』で「太った男が痩せた男を軽蔑し、嫉妬する」と述べている。これはどうもまずい話だ。

嫉妬深い人間を見分ける手引きがあれば、非常に役に立つだろう。

嫉妬深い人間はまず、しばしば皮肉を言う。表向き言っていることは建前にすぎず、真意は別のところにある、という術に長けているのだ。

あざけりの言葉にも気をつけたほうがいい。ポール・ヴァレリーも言うように、「注意して見ると、さげすみには嫉妬のスパイスが含まれている」からだ。多くの人に、自分ができないこと、持てないものをさげすむという傾向がある。

また、ほめごろしにも要注意である。精神科医のレスリー・ファーバーは書いている。「心からの賞讃の場合、賞讃するものとされるものとのあいだに一定の距離感がある。だが嫉妬は、その対象となるものに賛辞の砲火を雨あられと降らせることで、あたかも賞讃しているかのように装いつつ、そもそも、その嫉妬をかき立てるもととなった特質を持ちたいという欲望を満足させる」

この話の要点は、腰の低い人間に出会ったら、その目をよくよく見たほうがいいということだ。

＊

心理学から見た、嫉妬人間の手引きが存在してもよさそうなものだ。しかし、W・ジェロード・パロットは『ねたみとそねみの心理学』に寄せて、「嫉妬にとらわれやすい人ととらわれにくい人との個々の違いについては、全体的にほとんどわかっていない」と述べている。だとすればがっかりだ。

嫉妬を感じたとしても、ほんのちらりとしか感じない人や、嫉妬を負けん気に変えて自分を向上させる人たちがいる一方で、毒に満ちた悪意の大釜が沸き立つほどに、嫉妬を身体中に燃え上がらせてしまう人がいるのはなぜなのだろうか。

嫉妬を見定めるのが難しいのは、これが往々にして秘められた罪だからだ。嫉妬していることをみずから進んで告白する者はまずいないし、ましてや嫉妬の背景に何があるのかは、めったに語られない。

レスリー・ファーバーは、「嫉妬はその性格上、調査に対して粘り強い抵抗を見せる」と述べ、嫉妬が「変幻自在」で「偽装に長けている」ことが「この問題についてあまり研究が進んでいない」理由かもしれないと言っている。さもありなん。嫉妬という言葉に含まれる毒に無頓着でもない限り、あなたは誰に、あるいは何に嫉妬していますか、などという世論調査はできそうもない。

ただ、人間の自然なふるまいとしての嫉妬を基盤とした心理学理論の体系は存在する。なかでも有名なのが、フロイト派だ。フロイト心理学において、中核に位置する嫉妬の大きさを考えると、フロイトの心理経済学では嫉妬が主要通貨だと言ってもいいだろう。

まずはオイディプス・コンプレックスだが、これはつまり、母親と寝る権利を持つ父親に対して息子が抱く嫉妬だ。

さらに、そこから少しジャンプして「ペニス羨望」がある。少女や女性がひとり残らず感じる嫉妬だとされている。しかし、それも前立腺ガンの恐怖が忍び寄ってくるまでのことだろう。

きょうだい間の対抗意識で問題となるのも嫉妬で、これは親から最大限の愛情を勝ち取り、ひとり占めしようとする戦いだ。性衝動の昇華にも、その中心に嫉妬があるという。人は、ほんとうは別のものを欲しているときに——あるいはひそかに別のものに嫉妬を抱いているときに——違うものを欲しているふりをする。フロイトは言う。

「芸術家は、芸術のために権力や富や美しい女性の愛情を諦めるが、それによって権力と富と美しい女性の愛を得ることを期待する」

フロイトの宇宙では、嫉妬は世界を動かす原動力だ。

メラニー・クラインの心理学では、嫉妬とはひとえに、母の乳房を求める子どもの願望だとされている。子どもは、母親のおっぱいを生涯にわたって自由にする権利を要求する。競争相手はお呼びでない。「嫉妬と感謝」と題する論文で、クライン博士は述べている。

「嫉妬深い人間は満足することを知らず、嫉妬が自分自身のなかに由来するがゆえに、常に嫉妬を向ける対象を見つけることができると言っていいだろう」

子どもは「乳房からいともやすやすと乳があふれ出てくることに――感謝すると同時に――この贈りものがなぜか手に入れがたく思われて、嫉妬の念をかき立てられ、申し分のない乳房」にさえも嫉妬するのだという。W・H・オーデンがかつて言っていたではないか。「心理学のモットーは、『これ聞いたことある?』だ」と。

フランク・J・サロウェイの『反逆児に生まれつく――誕生順位、家族ダイナミクス、そして創造的人生』は、家族のなかでどういう順番に生まれるかが重要であることを説き明かした本である。

このなかで著者は、きょうだい同士が親の愛情を争うことは性格だけでなく、政治傾向や性的指向までを規定する可能性があるとしている。サロウェイは、「誕生順、性別、身体的特徴、気性などの違いに応じて、きょうだいは家族という体系のなかでそれぞれに異なる役割を創造する。役割が異なることで、親の好意を勝ち得ようとする際に、今度はまたそれぞれに異なるやり方をとるようになる」と考えた。

サロウェイはフロイト派というよりダーウィン派だが、フロイト派からも同じような結論に到達したようだ。精神分析医のフランツ・アレグザンダーは、「嫉妬と競争は、幼少期の家族生活に深く根ざしている。成人にも潜在的に存在し、他者との関係に影響している」と記している。

すると家族は、フロイトやフロイト学派が考えていたように、神経症の温床であるのみならず、サロウェイが間接的に論じたように、嫉妬の温床でもあるのだろうか。あるいは、嫉妬そのものが神経症の源泉なのだろうか。

単なる知的関心だけから言えば、賛同したいような気もする。しかし、自分の経験に照らし合わせると、どちらもたしからしい気がしないという人が多いのではないだろうか。

実のところ、わたしもそうだ。嫉妬の何たるかをわたしは知っているし、医学的に神経症とまではいかなくとも、いろいろな点で非常に神経質なところがあることも認めよう。

しかし、嫉妬心も神経質さも、家族が原因だとは思えない。わたしのなかのそうした性向は、家庭の外で養われたものだと喜んで告白する。

＊

マルクス主義もまた、嫉妬に依拠した論理であると言われるかもしれないが、嫉妬の起源について説得力のある論拠を提供してはくれない。

マルクス主義が約束したプロレタリアートの輝かしい革命とは、その実、嫉妬を生み出すようなあらゆる状況に結末をつけることだった。マルクス主義は、平等への願望こそが人間の性だと仮定した。これをやすやすと証明することなど、とうていできない。ただ、マルクス主義が説得力を持ちうるとしたら、まさにそこにかかっている。

おおいなる階級闘争とは、つまるところ、上位階級が下位階級に対して持っている、嫉妬するに足る優位性をめぐるものである。こうした優位は、たとえ流血の革命をもってしてでも、排除しなければならない。それゆえに、マルクス主義は血のカルトと呼ばれることすらあった。嫉妬こそ、その永久不変の刺激剤であり、燃料であり、誘因であったのだ。

とはいえ、嫉妬に駆り立てられなくとも、フロイト学派やマルクス主義者になることはおおいに可能であるだろう。嫉妬とことさらに結びつく人間のタイプというのは、どうやらないようだ。

＊

文学では嫉妬深い人物がさまざまな形で現れ、多様な性質を帯びて描かれる。エウリピデスにはじまり、シェイクスピア、スタンダール、ディケンズ、メルヴィル、Ｆ・スコット・フィッツジェラルドらの描いた登場人物に見られるように。

文学ではなく現実の生活では、嫉妬は人に忍び寄り、思い出したかのように訪れては去っていく。あるいは支配的な暴君になり、その人の性格を決定づける場合もある。冷酷なくらい筋が通っていることもあれば、とびきりばかばかしいこともある。

たしかなのは、嫉妬の感情によって幸せになる力が高まりはしないということくらいだ。むしろその正反対である。

われわれにはみな、少なくとも三つのレベルの自分がある。公の場で人々の目に触れる自分、家族や親友など親しい人に見せる自分、そしてもっとも深く、自分自身にしか知られていない自分。ここには、野心やうらみ、妄想に欲望など、そのままでは他人に見せられないようなものが棲みついている。嫉妬もまたこの場所に棲みつくのだが、ここでのワット数は、どちらかと言えば低めに抑えられている。自分自身への認識はさほど明瞭ではなく、矛盾律には権威も何もない。ここでは潜在意識が優勢だ。だから、持たなくてもいいものが欲しくなり、羨望が生まれる——贅沢な品々、少々おつむが弱くても美しい恋人、ごく平凡な喜びに終止符を打つ人生を破壊しかねないほどの名声などなど。しかし、嫉妬が理にかなったものだと期待するほうが、どうかしているのだ。

第3章
となりの芝が青いから……

CHAPTER THREE

Secret Vice

汝、隣人の家をうらやむなかれ

隣人の持ちものをうらやむなかれ

モーゼ

第３章 となりの芝が青いから……

記録に残る人類最初の嫉妬の事例は、弟アベルを殺したカインである。神は、カインが供えた地の作物よりも、アベルが供えた最良の羊のほうがすぐれているとみなした。年長であるカインにとって、それは耐えがたいことであった。創世記を引用しても、アベル殺人事件のネタばらしにはならないだろう。

そして彼らが野にいるときに事件は起こった。
カインが弟のアベルに襲いかかり、あやめたのである
——四章八節

旧約聖書の登場人物たちは、旧約の神と同様、すぐに「信念を行動へ移す」。

この例でいくと、カインは嫉妬を行動に移した。カインも、そのあと彼に続いて嫉妬に駆られた人々も、それ以来身にしみたであろう。嫉妬を行動に移すのは、けっして賢明なことではない。

モーゼの十戒のなかで、嫉妬の戒めにもっとも近いのは六番目だ。

「汝、隣人の家をうらやむなかれ、隣人の妻をうらやむなかれ、隣人の女中を、牡牛を、ろばを、隣人の持ちものをうらやむなかれ」

他人が所有するものに対し、度を過ぎた欲望を持つこと——すなわち嫉妬である。十戒の作者のように、人間の心を探究する徒であればよくよく承知しているだろう。人のものをうらやむことが嫉妬の核心だ。隣人が、友人が、きょうだいですら、わたしにないものを持っている——神様に認めてもらうことであったり、自分の牡牛より強い牡牛であったり、あるいは何かはかりようのないものであったり——。それは嫉妬深い人間にとって耐えがたいことなのだ。

なぜ、持っているのはわたしではなく彼なのか？

これがおそらく、嫉妬深い人間の最大にして唯一の疑問であろう。こうした人々は、なみの人間より強く不公平さを感じるのだ。ひょっとすると、ただ単に自己中心的なだけなのかもしれないが。

彼らはまた、絶え間なく競争心に駆り立てられている。不公平だらけの世のなかで、ついに自分がいちばんになったと確信できるまで、それは休みなく彼らを追い立て続ける。何であれ、よさそうに感じられるものを自分が最大限享受できないとなると、いつも心に巣食っているうらみがましい思いが頭をもたげ、心底不公平感をおぼえるのだ。

どうしてこいつのほうが広い家に住んでいるんだ、きれいな嫁さんをもらったんだ、いい仕事に就いているんだ、恵まれた人生を送っているんだ――。答えは明らかである。できそこないに、そんな資格はないからだ。

真の嫉妬にとらわれた経験がある人間には、嫉妬について微に入り細に穿った説明は不要かもしれない。しかし、読者のなかには大変に心やさしく、そうした感情を免れている方がいるかもしれないので、簡単に嫉妬の心理を説明させていただきたい。

まずは何かを目にして欲しくなり、いま現にそれを持っている人物ではなく、自分こそがそれを持つにふさわしい人間であって、自分が持つことこそ理にかなっていると感じてしまう。

自分以外の人間がそれを持っているのが正しくないという思いが固まると――そこにいたるまでに、さしたる時間はかからない――今度は持っている人間がいかにふさわしくないかということを、たとえ自分の胸のうちでだけでも、強調しなければいられなくなる。自分自身がよりふさわしいことは、言うまでもない。

＊

持っている人間のおぞましさは、自分のなかで何度もくり返し思い起こされる。度を越した欲望の対象となるものが、芸術品であろうと贅沢品であろうと、あるいは友情や愛情、地位にともなう特権、場所や賞であろうと、何であっても相手が持っていて自分は持っていない状態が続く限り、世界は調子が狂ってしまったように思われてくる。そのことに対して抱く思いは、次第に執拗さを帯びてくる。こんなに考えすぎないほうがいいとわかってはいても、余計に考えてしまい、ほかのことに頭を切りかえるのが難しくなる（何しろひとつの思いを放置しておくことができずに、くり返しそこに立ち返ってしまうことを執拗と呼ぶのだから）。

そうなると、嫉妬の対象へのバランスと客観性は、早々に失われてしまう。

あなたが賢くて自制心を保てる人ならば、それに関連する話題は表に出さないほうがいいと考えるだろう。

それほど賢くもなく自制もきかない人だったら、のべつ幕なしにしゃべり続けて、（いささか）常軌を逸した胸のうちを露呈してしまうだろう。

しかし、胸のうちで悶々とするにしろ外へさらけ出すにしろ、嫉妬のおかげで人間としての尊厳を思い出すなんてことはありそうもない。嫉妬を通じて、もしもあらたな自分を発見したとすれば、おそらくあなたの自己評価はダメージを受けることになるだろう。

嫉妬の対象には、おのずと限りがあることも強調しておかなければならない。シカゴの街でナンバーワンの人気者といえば、ずいぶんと長いあいだ、シカゴ・ベアーズのランニングバック、いまは亡きウォルター・ペイトンだった。彼は偉大なスポーツマンで、フィールドで発揮された才能にふさわしい報奨をすべて勝ち取った。フロイトの理想化された芸術家が望むすべて――名声、富、権力、そして美しい女性の愛（そのうえ彼は、スウィートネス《やさしいやつ》なるあだ名のとおり、あらゆる点で温厚な紳士だった）。

わたしがウォルター・ペイトンをうらやむのはばかげている。ペイトンに嫉妬して、その気持ちを維持し続ける自分など想像できない。仮にウォルター・ペイトンをうらやみ、「彼が手にしたあれこれは、ほんとうはわたしのものである」などと考えるなら、頭がおかしくなったとしか言いようがない。

また、朝のトーク番組の司会者ケイティ・コーリックが、ＮＢＣと一五〇〇万ドルで〈トゥデイ〉の出演契約を結んだという記事を新聞で読んだ。高額の年俸がうらやましいかと聞かれたら、答えはノーだ。テレビの世界でそれだけの額を稼ぐには、コーリック女史と同じような精神構造をしていなければならないだろうし、年に三〇〇〇万ドル払うと言われても、そういう神経を持ち合わせるのはごめんこうむる。

しかし、とりわけすぐれたところもない作家がマッカーサー奨学金を獲得し、凡庸なる自我を守る以外まったく何もしない代償として五〇万ドルも支給されるとしたら、それをねたむのはおかしいだろうか？

あるいは、わたしより半分も講義を持っておらず、さらには講義内容もまずいともっぱら評判の大学教師が、倍も給料をもらっていることをねたむのは筋違いだろうか？

いったいどこまでが不公平で、どこからが嫉妬になるのだろう。

自分が抱く嫉妬心を認めるよりは、嫉妬でなく良識があるのだとか、批判精神が鋭いんだとか、堅実な判断力があるんだというふりをするほうが、ずっと都合がいい。「嫉妬の才、嫌悪の才、高慢の才」とポール・ヴァレリーのムッシュー・テストは言う。

「傷つきやすい部分を持っていない人間などいるものか。生まれながらの傷を、英知あるがゆえに、繊細にして根源的な苦しみを持たない者など。彼の真の肉体は、深いがゆえにいっそう感じやすいのだ」

嫉妬という感情はあまりにも醜い。そんな思いを抱いていることなど、けっして世間には知られたくないと心を砕くうちに、結局は自分自身すら欺くこととなってしまう。

もちろん、嫉妬にも程度の違いはある。やんわりとした嫉妬もあれば強烈な嫉妬もあり、冷ややかな嫉妬や熱い嫉妬もある。

嫉妬が醜いのは、純然たるそねみの部分だ。つまり、相手をねたむあまり、自分のほうが優位に立ちたいとすら思わなくなり、ただ相手が自分より優位でないことに満足感をおぼえるような場合だ。それを見事に言い表したジョークがあるので紹介しよう。

イギリスのご婦人、フランス人、ロシア人の前に、ひとつだけ願いをかなえてやろうと魔法の精が現れた。魔法の精というやつは、どういうわけか、いつだってビンのなかから飛び出すというういたって苦しそうな現れ方をする癖があるが、それはともかく、イギリスのご婦人はこう言った。

「わたしのお友達がコッツウォルズに素敵なコテージを持っているのですけれど、友達のコテージよりふたつほどお部屋が余分にあって、予備のバスルームがついていて、家の前に小川が流れている、そんなコテージをくださいな」

フランス人の願いはこうだ。

「親友には金髪美人の愛人がいるんだが、ぼくもああいう愛人が欲しいな。ただし、金髪ではなく赤毛がいい。それから、親友の愛人よりも脚が長くてもう少し教養がある、おしゃれな女がいいな」

さて、たったひとつ望むことを訊かれたロシア人は、隣人の牝牛を引合いに出した。隣人の牝牛は濃いミルクをたっぷり出すうえに、そのミルクでつくるクリームやバターがこれまた濃厚で質がいいのだという。

「おれはあの牛が死んでくれたらいい」

fairy

第４章

女性たちよ、ようこそ嫉妬の世界へ！

CHAPTER FOUR

Is Beauty Friendless?

ほんとうにきれいな女性には女の親友がいない

ショーペンハウアー

第4章

女性たちよ、ようこそ嫉妬の世界へ！

男性と女性、どちらが強く嫉妬を感じるのだろうか。

これは危ない質問だ。ヘラとゼウスから「男と女では、どちらのほうがセックスを楽しむか」と尋ねられて、男女両方の肉体に宿ったことがあるという預言者テイレシアスは、気の毒にも、「女性のほうがセックスを楽しみます」と正直に答えてしまった。慎み深いヘラは怒り、テイレシアスの目玉をくりぬいた。以後、彼は盲目の預言者となったのだ。

男女で嫉妬を強く感じるのはどちらかという問いは、答えのない疑問でもある。少なくとも、現代の社会科学の水準では説明することができない。ただ、男と女では嫉妬をおぼえる対象が違うらしいという印象はある。

わたしの感覚だと――高度な社会科学用語を使ってみれば――純粋に性にかかわる領域では、男性のほうが嫉妬をおぼえるようだ。男性は、「気に障るほど見た目がいい男」を敬遠しがち――この話の流れに合わせて言えば、「嫉妬しがち」――だ。もちろん、実際に気に障っているのは見た目ではなく、見た目がいいために彼がやすやすと女性を手に入れてしまうことだ。

女性を追いかけることは、おそらくもっとも古くからある男性の競争であり、備えがよすぎると思われると、自動的に嫉妬を招き寄せることとなる。

ただ、男性の嫉妬がおおむね性的勝利や勝利の予感と関係しているのは、いいことかもしれない。

一九五〇年代、デイヴィッド・リースマンは『孤独な群衆』を書き、現在の男性の多くは、自分より財産のある人間とは共存できるが、相手が自分より満足のいく性生活を送っていると思うとどうしても我慢できなくなるようだと指摘している（「自主性のない人間は、嫉妬を抑えることができない……ほかの人たちが送っていると彼が思っている質の高い人生を、自分も逃したくないのだ」)。

一〇〇パーセント賛成はできなくとも、この説には説得力がありそうだ。それは、男性の嫉妬がおおむね同性に対して現れるように思われるからだ。

嫉妬が顔を出すとき、男性の場合、女性を嫉妬するケースはごくまれであるような気がする。もっとも企業では、女性の取締役社長への嫉妬で胸がいっぱいになっている男性副社長たちだっているのかもしれない。

多くの場合——理由はさまざまだろうが——男性、それもかなり嫉妬深い男性であっても、女性の持つ富や美術品、権力などには嫉妬を抱かない傾向がある。それよりは、同じ男性で女性を惹きつける魅力の持ち主に嫉妬するのだ。

女性が男性に嫉妬する場合、理由は性の領域に限らないように思える。

ある女性作家の昼食に同席したときの話である。彼女はひとり身のさびしさを嘆き、もし男性作家だったら、自分と同じように作品を三冊出版している五〇代の男だったら、事情はまったく変わっていたに違いないと漏らした。

「若い女の子がわんさか集まってきて、付き合いには事欠かないわ。だけど、女で五四歳にもなると、いくら文学の世界で実績を積んでいたって、魅力的だとか、結婚したいだとか、セクシーだなんてちっとも思ってもらえないの。男だったら話は全然別よね」

彼女の言うとおりだとわたしも思う。

*

現代のフェミニズム運動は、特定の個人のものではない、普遍的な嫉妬の上に築き上げられたと言ってもいいのではないだろうか。

女性たちは、男性が持っているとされるあれこれ——仕事を選ぶ自由、連れ合いを選ぶ自由、あらゆる領域で、男性なみに無責任に生きる自由——が欲しいと願った。女性の多くは、フェミニズムを推し進めているのは嫉妬ではなく、強烈な不公平感だと言うだろう。それも間違いではないかもしれない。ただし、嫉妬と不公平感は、いつも簡単に見分けられるものではないし、分離できるものでもないということだけは、つけ加えておこう。

女性、あるいは女性たちがどんな女性に嫉妬をするか想像してみると、「部屋中の男の視線をひとり占めしてしまう、とびきりの美女に嫉妬する図」が容易に浮かぶ（ショーペンハウアーに言わせると、ほんとうにきれいな女性には女の親友がいないのだそうだ）。
人生のさまざまな場面で、自分より幸運を引きあてているように見える女性に、ほかの女性が嫉妬する様子も想像にかたくない。

何よりもわかりやすい例は、友達の子どもが、自分の子どもよりはるかにすばらしい業績をあげたときの女性の嫉妬だ。

多くの場合、女性の嫉妬は個人的で特定の対象へと向かうように思われる。そもそも嫉妬とはそういうものなのだが、男性の嫉妬は、しばしば妄想や過大な自己評価によって荒唐無稽になったり、ばかばかしいものになったりする。それはおそらく、これまで男性のほうがずっと自由であり、しかも多くの男性が、その自由を使わずにきたからかもしれない。

最近友人に、女の尻を追いかけまわしてばかりいるやつを何人くらい知っているかと尋ねられ、数人は心あたりがあると答えた。友人は言った。

「やつら、まず後悔なんてしないぞ。後悔するとしたら、もっと女を追いかけていればよかったたってことさ」

友人の言葉には、かすかな嫉妬がにじんでいた。友人に、いろんなタイプの女と寝たからといって、真実の愛にはかえられないと助言してやることもできた。わたしは自分にそう言い聞かせたし、それが事実であることも知っている。しかし、わたしとて男なので、手に余るほどのセックスの相手と真実の愛とが、両方ともつきることなく手に入ったっていいじゃないかと思わずにはいられない。

男の嫉妬のほうが、女の嫉妬よりもはるかに大きくふくらんでいく。およそ不可能なことでさえ、男性にはすべてが可能だと思えるからだ。たとえば男性は、運動神経が鈍くても運動選手に嫉妬するし、自分では商才もなくたいした野望もないくせに、巨万の富を手に入れた人間に嫉妬するし、技術や才能がなくても芸術家に嫉妬する。

そう昔のことではないが、わたしはテレビでサイモン＆ガーファンクルのセントラルパーク・コンサートの録画を観ていた。わたし自身は歌をつくったこともないし、声もよくないし、楽器も弾けないのに、それでもポール・サイモンのしょぼくれた髪型を真似して、繊細な彼の歌をか細い声でうたってみたりしたものだ。その実、心のなかでは、どうしてこの男がマリファナで半分ラリってるみたいな何千人ものニューヨーカーを夢中にさせることができるんだ、どうして連中の崇拝はこのおれに集まらないんだ、などと考えていた。まったくばかげているが、そういうことだ。

男性が女性にほとんど嫉妬しないのは、ひょっとして女性を戦利品とみなしている節があるからだろうか？（ニューヨーク・タイムズの経済面の記事によると、ある企業の取締役が株主に対し、収益が減少した一因は前年度ワインと女性と歌に金をかけすぎたせいなので、今年度は歌に費やす出費を減らして収益の回復をはかると説明したそうだ。）

女性は、男性を戦利品として見ることはない。しかし、女性の解放が進んで、世界のさまざまな営みの果実を女性たちも享受するようになった現在、もしかしたらこれからは女性たちも、いままで男性が餌食になってきたあらゆる領域で、嫉妬の犠牲者になっていくのではないかと危惧している。もしもそうなったら、女性たちもまた、競争心をかき立て、見果てぬ望みをかき立て、激しい失望をかき立ててくる、終わりなき欲望の輪のなかに加わることになる。

女性たちよ、ようこそ嫉妬の世界へ。

第５章
運がよくても嫉妬をされる

CHAPTER FIVE

The Glittering Prizes

最良の人生を送る条件は
人からうらやまれない程度に金があり
馬鹿にされない程度につましいことである

ジョシュ・ビリングス

第5章
運がよくても嫉妬をされる

世のなかでは、どういうものが嫉妬の対象になると考えられているのだろうか。

一般的なところでは、富、美貌、権力、才能、技術、知識や知恵、そしてめったにない幸運などが候補に挙げられるだろう（今のわたしなら、これに若さをつけ加えたいところだ）。このうちのいくつかは誕生と同時に与えられる贈りものであり、いくつかは多大な努力の末に獲得するものだ。

すべていいとこ取りするとすれば、金持ちで美貌に恵まれ、権力もあり、才能に満ちあふれて思慮も教養も深く、そのうえ途方もない幸運の持ち主といったところか。現実の世界では、このうちのひとつにでも恵まれていれば、かなり幸運な部類と考えられる。

もしもこうした嫉妬の対象となるような属性をひとつ、あるいはそれ以上持ち合わせていたとして、必ずしも本人がそうとは考えていないケースは多い。たとえば、「わたしは、自分の美貌を損なうような、ほんのささいな肉体的欠陥などひとつもない」と容姿に満足しきっている美女にはお目にかかったことがない（「わたしの足首！　ひどいでしょ」）。

けっして嫉妬に目をくもらされているわけではないが、とほうもなくハンサムな男というのは、たいていどこか抜けたところがあるものだ。それは彼があまりにハンサムなので、苦労して知性を開拓しなくてもよかったからだろう。

金持ちは美しさを求めたり、知性を求めたりする。知性のある人は、それが真の知恵であるならば、知とはそもそも人が何も知りえないと認識するところからはじまることを知っているはずである。つまり、知性などあっても、くそくらえということになる。

F・スコット・フィッツジェラルドは、「最上のふたつをわたしは持っていない。動物的な魅力と金だ。しかし、次にくるふたつには恵まれている。それは容姿と知性だ」と言っている。

フィッツジェラルドが嫉妬深い人間だったとは思えない——不実なる友人アーネスト・ヘミングウェイは、とても嫉妬深い男だったが。しかし、夢想家ではあったので、さまざまなものに恋い焦がれることは十分にあったはずだ。

思うに、もしフィッツジェラルドが金持ちだったなら、ジェイ・ギャツビーばりの盛大なパーティを惜しげもなく開いただろうし、華やかなシャツを何枚も手にしてご満悦であったろう。イリノイ州レイク・フォレスト出身のデイジー・ブキャナンのような女性とだって、結婚したいと願ったかもしれない。あのデイジーより、ずっと思いやりの深い女性だったとしての話だが。

しかし、フィッツジェラルドは芸術家だったので、芸術という名の錬金術を使って、自分の嫉妬をあこがれに、さらには芸術にまでも昇華することができたのだ。

芸術家ならぬ身のわたしたちは、そんな手品は使えないので、もう少し地味な方法で自分の嫉妬に対処しなければならない。幸いにも多くの場合、わたしたちが抱く嫉妬はささいなことであり、一過性だ。

優美で力強い男性のバレエを見ると、自分もあんなことができたらなあとうらやむ。文句のつけどころのない文章で深い洞察がつづられた本を読むと、自分もこれだけの思慮と文才があったらなあと願う。

友人三人と食事に行き、それぞれが頼んだ料理が運ばれ、自分の料理が一番おいしくなさそうだと思うと、失望に胸が痛むと同時に、「食べものの嫉妬」をおぼえる（ドイツ語には、食べもの全般に関するねたみやそねみを表すフッターネイトという語がある）。しかし、こうした羨望は一時的な感情で、嫉妬というよりないものねだりに近い。


ヘルムート・シェックは嫉妬に関する著作のなかで、わたしたちは自分の嫉妬を、はるかにすぐれた人や才能にではなく、ほんのわずかだけ条件のよさそうな相手にとっておくものだと指摘している。

「舌をまくほどの圧倒的な差があり、しかも、どんなに努力しても手に入れられないという感覚がともなうと、差異が小さい場合よりはるかに、嫉妬の念を呼び起こしにくいものである。差がごくわずかなものであると、嫉妬しやすい人間は、『自分があいつの立場でもおかしくない』と考えがちだ」

これには一理あるとわたしは思う。ビル・ゲイツに嫉妬するなんて論外だ——人間として魅力的なわけでもない——が、自分と同じ職業の人間が年に一万ドル余計に稼いでいるとなると、心おだやかではいられない。

また、運のいい人間に嫉妬するのもたやすい。たとえば、どういうわけかいつもタイミングよくいいところに居合わせる人間、なぜかいいものに出合える人間、金儲けの秘訣や人を惹きつける秘訣、有利な立場に立つ秘訣を知っているように見える人間などだ。

＊

芸術や学術の世界には、嫉妬があふれている。大衆に人気のない作家が、人気作家に嫉妬するのはしょっちゅうだ。ただし、人気作家の人気がとてつもなくて大衆的なものだと、俗物根性が働いて嫉妬の念がゆるみ、ああいうやつらの人気なんて、どうせ生まれつき粗野で育ちが悪いせいなのさ、と切って捨てることもできるのだが。

同業者間の激しい競争心は、嫉妬を誘発しやすい。わたしの見たところ、どの知的業界でも、頂点にいるひとにぎりの人々が同じ世界のライバルたちに思いやりを示す例はめったにない。誰かひとりが少しでもトップ集団から抜け出す気配を見せると、たいがい嫉妬が頭をもたげてくる。

ところによって、ほかより嫉妬の気配が濃厚な場所もある。小説家で脚本家のフレデリック・ラファエルが「ロンドン生活の嫉妬と煌き」について語っているが、芸術家や作家や学者たちの世界は、ニューヨークも大差ないように思われる。

研究室が自分のより少しばかり立派だとか、学生指導の負担がちょっとばかり軽いとか、学生の尊敬をたまたま集めているとか、人が自分よりちょっとでもよく見えたら、それが悲しいほどわずかな優位であっても、学者はいとも簡単に嫉妬に身を焦がす。

大学に籍をおいていながら、学徒以外の一般の人たちにもウケがいい文章を書けるようになると、「人気取り」などと批判をあびるが、これももちろん嫉妬心が言わしめるのだ。

わたしの愛すべき母はすでに故人だが、派手好きな人で、かなり目立つキャデラックに乗っていた。

シカゴのオヘア空港で渋滞につかまったとき、となりの車線に合流させてもらえるように窓から手を出して合図してみたら、運よく誰かが譲ってくれるかもしれないよとすすめてみたが、「無理よ」とまるで底なしの世間知らずを見るような眼をして母は言った。

「こんな車に乗ってるだけで、運がよすぎるって思われちゃうんだから」

経済学者ロバート・H・フランクの「贅沢熱」といった研究にも見られるように、人は隣人よりも多く稼げるのであれば、少ない収入でも我慢するものらしい。

たとえば、収入が八万五千ドルであっても周囲の稼ぎが七万五千ドルであれば、まわりがみんな一二万ドル稼いでいるときに自分だけ一〇万ドルしか稼げないときより満足できるのだ。

民主主義精神のもろさと見せかけを指摘するのにとりわけ喜びを感じているジャーナリストのH・L・メンケンは、アメリカ人が喜びとするのは、姉妹の連れ合いよりも月に一〇ドル余計に稼ぐことである、と言ってのけたことがある。

最近食べたおみくじクッキーには、「あわれまれるより、うらやまれるが吉」と書かれていた。しかし、これが万人の支持を得られるかどうかはわからない。

アメリカの作家ジョシュ・ビリングスは、「最良の人生を送る条件は、人からうらやまれない程度に金があり、馬鹿にされない程度につましいこと」としている。

また、金持ちになって、人にうらやまれてみたいという人もいるだろう。生まれつき競争心や対抗心の強い人は、むしろうらやまれたがる――ひょっとしたら、友人や家族をはじめ、まわりにいるすべての人にあいつには勝ち目がないと思われるくらいでないと、生きる価値がないなどと考えているのかもしれない。

ごく原始的な部族は、嫉妬される恐怖のなかで生きていた。彼らは同じ部族の仲間や隣接する部族の反応にも気をもんだが、何にもまして、自分たちの幸運が神の怒りに触れることをおそれた。ヘルムート・シェックは書いている。

「迷信とはほぼ例外なく、嫉妬されることへの不安から生まれていることが見て取れる。これは、嫉妬を統制することを目指して構築された儀式環境であると解釈することができよう」

こうした儀式環境の一部が、現代まで続いているわけだ。

クリスチャンは十字を切る。

ある年代のユダヤ人は、カイン・エイン・ホラ――邪眼がわたしの幸運を呪いませぬように、とよく口にする。それほど信心深くない人ならば、何かいいことがあると「木製品に触れなきゃ（復讐の女神にたたられないように、という迷信）」とつぶやくところだろう。わたしもしょっちゅう「木に触らなきゃ」と言っている。「カイン・エイン・ホラ」と言ったあとで――言うだけなら損はないだろう？

＊

嫉妬について書きはじめたとき、ある雑誌編集者から尋ねられた。ご自身も十分うらやまれる立場だということ、もちろんご承知でしょうね、と。

正直に言うと、自分を運がいいと思いこそすれ、うらやまれるような要素はほとんどないと思っていた。どういうところがうらやまれるのか聞き返すと、複数の一流雑誌に執筆していること、自分のもっとも好きなことを仕事にしてそれなりに豊かな暮らしを送れていること、世間から認められ、賞讃されていること、そして、そのおかげでわたしの人生がいかにも魅力的に見えること、というのがくだんの編集者の答えだった。

わたしの人生にどの程度の魅力があるかはさておき、わたし自身は、けっして自分をうらやまれるような人間だとは思っていないことを力説しておこう。少なくともゲーテにくらべたら、その足元にもおよばない。

『ルサンチマン』を著したドイツの哲学者マックス・シェーラーは、ゲーテが「偉大にして豊かな自分の生き方や……容貌が、毒をほとばしらせることを知っていた」と書いている。

　わたしは、自分がうらやまれるような人間というよりも、運のいい人間だと考えている。自分に合った職業を人生のかなり早い段階で見つけることができたし、それを自分の仕事とするのにさしたる障害にも遭わなかったし、何年ものあいだ、きちんと耳を傾けてくれる聴衆に事欠かず、さらには、なんの気兼ねもなく仕事のできる環境と時間を与えられているからだ。こうしたことは、どれも特別うらやまれるようなことではない。ただただ、嘘のように運がいいと思えるだけだ。

　しかし、木製品に手を触れてカイン・エイン・ホラと言い続けたおかげか、そういう幸運が長続きした結果、いまわたしがうらやまれる立場にまで昇格したかといえば……そうは思えない。とはいうものの、自分のキャリアに何かいいことがあったのを人に知られたくないという気持ちが、このところますます強くなってきているような気がする。

自分はけっして鼻にかけるタイプではないと思うが、人にうらやまれる立場にいると警告されたことで、嫉妬されないように自慢はやめておこうと意識するようになったのはたしかだ。だから、最新作はどのくらい売れましたかとか、雑誌の原稿料や講演料はおいくらですかと尋ねられても、わたしはたぶん相手と目を合わせず、実際よりいくらか控えめな数字でもって答えることだろう。

第6章
いつかは若さに嫉妬する

CHAPTER SIX

The Young, God Damn Them

若さはささくれだった年寄りに
温めなおした料理を供する
けれどもソースは冷めている

ディック・アレン

嫉妬してしかるべきと世界が考えるあれこれのうちでも、おそらく唯一万人の意見が一致するのが、「若さ」であろう。

もっとも鷹揚な精神の持ち主であっても、若さにはときに嫉妬せずにはいられない。というのも、歳月こそが人生でもっとも重要な切り札であり、年を重ねるごとに有利なように積み重ねられていくのはまぎれもない事実なのだが、それはいたく面倒で厄介なものでもあるからだ。もう一度若いころに戻りたいとは思わないね、というのは、ひょっとしたら自分でも気づいていないかもしれないが、人生に疲れている証拠かもしれない。

当然ながら、若い者は若さに嫉妬を抱かない。富だの地位だの経験だの権力だの、嫉妬したい相手はいくらでもあるからだ。しかし若者以外の人たち——若さが自分から去りつつある、あるいは去ってしまったと感じている人で、輝くばかりの若さを謳歌する者たちを見て、羨望のため息をつかずにいられる者は、なかなかいないだろう。

羨望は、やすやすと嫉妬に取ってかわられる。若さへの羨望は、たいてい若さ全般をうらやむ害のない類のものだが、それが特定の対象を見つけると、毒に満ちてくることもある。

若者は健康でエネルギーに満ちあふれ、肉体は固く引き締まり、たいがいは人生に終着があるなどと、ほとんど意識していない。最新の計算でも、人間が最終的に死亡する率はあいかわらず一〇〇パーセントのままだったことを、若者に言って聞かせても意味はないだろう。

何年も前、わたしはアーカンソー州リトルロックで貧困撲滅プログラムのディレクターを務めていたことがあり、里祖父母計画というものを考えた。これは勤労者家庭の子どもの面倒をみてもらい、高齢の貧困層の収入源にしてもらおうという計画だった。問題は、お年寄りが必ずしも幼児に夢中にならないということだった。むしろお年寄りたちは、彼らが土に還ったあとも、かなりの長きにわたって地上を闊歩するであろう小さな生きものに、嫌悪さえ示すのだった。

高齢者が若者に嫉妬を抱くということを予見できずにくわだてられたこの計画は、結局成功しなかった。

ほぼ二〇年ごとにくり返されるいわゆる世代間の対立というやつも、その大半は、年長の世代が若い世代に嫉妬することでかき立てられる感情的な相克なのではないだろうか。だいたいにおいて、そうした嫉妬には後悔の念がつきまとっている。美しい若者を見て自分の若い頃を思い出し、もっと十分にあの若さを活用しておけばよかったと悲嘆にくれる。悲しみに満ちた後悔の念に怒りのスパイスが加われば、容易に嫉妬ができあがる。

詩人ディック・アレンは書いている。

若さはささくれだった年寄りに
温めなおした料理を供する
けれどもソースは冷めている

若さへの嫉妬はどうやら、後悔と羨望とがないまぜになったもののようだ。こと後悔と羨望をうたうことにかけて、フィリップ・ラーキンの右に出る詩人はいない。

「禿げたサーモン」なみの容貌を自認する彼は、太りすぎでかなりの酒飲みだ。永遠の中年でいるという、ありがたいようなありがたくないような運に恵まれ、常に自分の死を見つめずにはいられなかった（六三歳で没している）。恋の相手がいなかったわけではないが、好んで自分を抑圧され見放された男の典型として描いた。彼の詩には渇望の思いが満ちみちていて、それもたいていは性への渇望があけすけにつづられ、その渇望はいつもどうしたわけか満たされることがない。もっとも有名な詩の出だしはこうだ。

第6章
いつかは若さに嫉妬する

性交は
一九六三年にはじまった
（ぼくにはいささか遅すぎた……）
それはチャタレーが解禁になり
ビートルズのファースト・アルバムが世に出るまでのあいだ

事態はだんだん悪くなる。若き日の習いであったセックスをめぐる口論や取引の日々が
唐突に終わりを告げ、

誰もが同じように感じている
誰にとっても人生は
場の賭け金をひとり占めしたかのように輝き出す
けっして負けることのないゲームだ

ただしもちろん、フィリップ・ラーキンだけは例外なのだ。「高窓」という詩のなかで、彼にはけっして開かれることなく、未来永劫、彼を締め出している楽園でふたりの若者が暮らし、野生の獣のように愛し合う姿を想像している。この楽園は、

年老いた者たちは誰もが生涯夢に見る
人の絆も儀礼も片隅に追いやられ
時代遅れになった農耕具のように打ち捨てられている
そして若々しい者たちはみな、長い長い滑り台をくだっていく
幸福に向かって、とめどなく

みなが、ただひとりラーキンだけを例外として。

フィリップ・ラーキンをイギリスの映画俳優ポール・ベタニーに紹介してみたらどうなるか、ひとつ想像してみてほしい。エスクァイア誌の二〇〇二年五月号が、「うらやむべき人物」と題して短い特集をしていたのだ。記事を書いたジャーナリストはあまりにもお

めでたい人間のようなので、ここでは名前を明かさないが、ベタニーと同世代の人物であるとだけ言っておこう。それによると、ベタニーは記者よりちょうど一〇センチ背が高く、「顎はずっとがっしりしていていかにも英国人らしい」という。

ベタニー自身の発言もいくつか引用されているが、どれもこれもすべて自分の性器に関する話で、きわめつけはバーで彼をナンパした女性にエンドレスのセックス攻勢をしかけると脅されたとかいう逸話だった。フィリップ、ポール――ポール、フィリップ。

ところでわたし自身は、ベタニーがうらやましいとは露ほども思わない。ベタニーばりの肉体を持つために、精神も彼なみになるのだとしたら――どうしたわけか、きっとそういうめぐりあわせになる気がするのだが――ごめんこうむる。

たしかに人が若さに嫉妬するのは、ひとつには若者の生理機能のすばらしさ――つまり、彼らの肉体やその部分がどれもいともしなやかに動くことと、そのおかげで年寄りが味わうようなうっとうしい不具合を感じることなく、思うさま欲望を満たして生きられるからだろう。

しかし、そういう肉体の完璧さをうらやむ以上に、年長者は（たとえほんのわずかな年長でも）、若者たちには、自分たちよりずっと長く残されている日々にすばらしい人生を刻んでいくチャンスがたくさんあることをうらやむのだ。

＊

自分の人生を書きなおしてみたい、と願わない男女はまれだろう。あそこでああしていなければ、こっちの道を選んでいたら、ものにできなかったチャンス、そもそもチャンスがあることにすら気づかなかった……。けれどもいまいましいことに、若者たちは、これからまだまだチャンスをつかむことができるのだ。こっちはいもしない獲物を討ちとろうとして、弾を無駄に撃ちつくしてしまったというのに。

若者はやたら若さを無駄にする、とはよく言われることだ。さもありなん。若者が年長者の分別を身につけていたら、未熟さゆえに味わうことのできる喜びを得ることはできないだろうから。

結局のところ、人は与えられた肉体の能力の御し方を自分のものにするまでのあいだだけしかその能力を使うことが許されず、己の肉体をうまく飼いならせるようになった頃には、肉体は衰えはじめているという残酷な取り決めになっているようだ。喜劇のなかの喜劇である。あらためて思うことだが、神様はジョークがお好きなのだ。

しかし物語の最高潮は――何ともホームドラマ的になってしまって申し訳ないことだが、世代間の対立が払拭され、愛に取ってかわられるところにある。

バイロンとレオパルディに関する著書のあるアイリス・オリゴの自伝では、アイルランド人の祖父デサート卿がきわめて愛情を込めて描かれているのだが、祖父が孫娘に送った二通の手紙を読めば、その理由がおのずと理解されるだろう。

アイリスがまだ若かった頃、長いあいだ会わずにいた時期にデサート卿はこんな手紙を寄こしている。

ごく個人的な立場で言うと、あなたやお母さんと離れていることをいちばん深刻に受け止めているのは、わたしだろうと思います。今度会ったとき、お母さんは以前とそれほどは変わっていないと思うけれど、あなたはいま、年ごと、月ごと、日ごとに見た目も考え方も変化する時期です。……だから今度会ったときには、前に会ったときと違うアイリスになっているだろうし、わたしはまたあなたを知るところからはじめなくてはならないでしょう。

あなたはひょっとしたら、わたしのことをもう感じのいい親戚のおじいさんとは思わず、時代に取り残されたじいさんで、あなたの興味や関心とはまったくかけ離れたところにいると考えているかもしれません。でも信じてください、けっしてそんなじいさんにはなりませんから。

その後、大人になったアイリスに送った手紙はこうだ。

わたしが心から愛した幼子はいなくなってしまったのでしょうね。でも、もっともっと深く愛せる若き乙女に出会いました。ふたりとも外見は変わってしまったかもしれないけれど、人生で何よりたしかなものは愛ですし、人生には、年寄りでも若い人でも同じように感じることのできる基本的な事柄が必ずあるものです。

あなたにはとてもユーモアのセンスがあるのだから、世代が違い別の理想を持っているとはいえ、年寄りの考えや行動を軽蔑するなどできないでしょう。若者の忍耐と年寄りの思いやりが足りなければ、家族のあいだに不必要な不幸を招くもとになるけれども、わたしたちはきっとそれを避けることができると信じています。

たしかにこの祖父と孫娘は、不必要な不幸を招くことなく、嫉妬やそのほかの悪意に満ちた感情に邪魔されることもなく、愛情に満ちた関係を末長く続けたのだった。

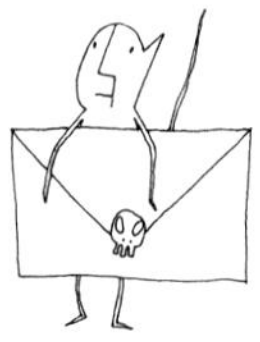

第7章
仮面の下に潜んだ悪意

CHAPTER SEVEN

Knavery's Plain Face

はたして自分が嫉妬していることを
まじめに告白する者がいるだろうか

ハーマン・メルヴィル

嫉妬深いことと嫉妬することの違いを考えておく必要がある。

ほんのたまにしか嫉妬を感じないという人もいるだろう――あーあ、あの人と同じサーモンのグリルを頼めばよかった……という具合に。

一方、生まれつき競争心や対抗心が強くて、嫉妬深い性格とまではいかなくとも、嫉妬しやすい性質であるという人もいるだろう。なんであいつばっかり注目を集めるんだ……というタイプだ。

そしてなかには、病的に嫉妬深い人間もいる。嫉妬がまるで空気のようになり、外見、やる気、ものの見方などあらゆるものを条件づけて、生き方そのものになるのだ。

人口動態的に見ると、もっとも多いのは、当然ながらときたま軽いヤキモチをやくタイプで、その次が嫉妬しやすい性質の人だろう。病的に嫉妬深い人間というやつには、実のところ文学のなかでしかお目にかかったことがない。

その文学の世界においてすら、嫉妬深い人間というのはヤキモチやきよりもはるかにまれな人種だ。ヤキモチをやく夫や妻、恋人たちは、小説や戯曲では定番の登場人物なのだ。

しかし、嫉妬はヤキモチよりもよこしまな感情だから、そうやすやすとは正体を現さない。嫉妬に駆り立てられている男性ないし女性が語り手になっている小説というのがあるのかどうか、寡聞にして知らない。嫉妬に駆られた主人公を描きながら、しかもその人物を単なるいやなやつで終わらせないためには、相当の文学的手腕を必要とする。

嫉妬の権化のような登場人物（語り手ではない）をひとり取り上げてみてみよう。チャールズ・ディケンズの『デイヴィッド・コパフィールド』に出てくる、悪臭ふんぷ

んたるユライア・ヒープ氏である。彼が病的なまでにへりくだって見せるのは、結局のところ、雇い主であるウィックフィールド一家に対する根深い嫉妬を包み隠す仮面であったことが最後にわかる。ヒープは「謙遜家」を装い、雇い主の娘と何とか結婚に持ち込もうともくろんでいた。しかしヒープがもっとも嫉妬をするのは、デイヴィッド・コパフィールドに対してである。ヒープが到達したよりも、さらに高いところへ昇って行ってしまったからだ。

「きみは何とも貴重な御仁だな」

ヒープは前と変わらぬ低い声で言い、冷たい湿気のせいで急に噴き出してきた汗を、長い骨ばった手で額からぬぐった。

「わたしの事務員を買収するとは。やつは社会のくずだ、きみだって同じだ、コパフィールド、誰かからあわれみをかけてもらうまではな。そのうえ、わたしを嘘で中傷するとは」

そこから一ページかそこら進んだ場面で、デイヴィッド・コパフィールドがヒープの人物評を語っている。

あいつ（ユライア・ヒープ）のこびへつらいが偽物だというのはもうずっと前からわかっていたけれど、いま、こうしてあいつが仮面を脱ぎ捨てるまで、あいつの偽善がどれほど深いものなのか、定かにはわかっていなかった。そんな仮面は自分には不必要だと知ったとき、あいつはまったく唐突に仮面をかなぐり捨てた。すると敵意や横柄さや憎悪がむき出しになって、勝ち誇ったような意地の悪い横目使いがあらわになった。

あの人はこれまでも数々のひどいことをやらかしてきたわけだけれども、そのあいだずっと、どうしたらぼくたちを出し抜けるかと考えあぐね、必死になっていたわけだ。そういうことはみんな、これまでぼくが感じてきたあいつの人となりにぴったり符合するのだけれども、それでもやっぱり仮面がはがれ落ちたその瞬間、最初は呆気にとられた。このぼくでさえ、あいつを長いあいだ見てきて、心の底から嫌っていたぼくでさえ。

嫉妬をきわめようとする者にとって、この物語から得られる教訓は、嫉妬がどのくらい根深くはびこるかは、誰にもはかり知れないということだ。なぜなら嫉妬は、ユライア・ヒープの偽善や悪意、憎悪や傲慢さと同じく、底なし沼だからだ。

「いまはわかるけど、取り乱した悪党の素顔は、実際に見せられるまでわからない」

これはイアーゴにもあてはまる。《オセロ》二幕一場のイアーゴを見ると、嫉妬深い人間は、嫉妬深い人間を見抜くと言えるだろう。その意味では、イアーゴは誰よりも見分ける力を持っている。彼こそが至高の嫉妬人間、嫉妬のチャンピオンである。戯曲に登場するほとんどすべての人たちの人生を奪い取ったうえに、最後の最後まで、ひたすら嫉妬にのみつき動かされて行動している。まことにこの戯曲は《オセロ》ではなく、《イアーゴ》というタイトルにすべきだった。

この戯曲はしばしばジェラシーを描いた傑作であると言われる。イアーゴはオセロに向かって、ジェラシーは「緑色の目の怪物ですぞ、餌食となる肉の持ち主を嘲笑うのです」と警告している。ただ、戯曲全体の基調をなすのはエンヴィだ。嫉妬こそがすべてを動かし、登場人物たちをまるで家具か何かのようにあちこちへ引きずりまわし、終局へと導いている。

シェイクスピアの戯曲はどれもそうなのだが、《オセロ》をいかに読むべきかを指南し、イアーゴの人物像を提示しようとする研究は、巨大な泥沼ほどもたくさんある。

わたしが思うに、イアーゴという人間は、純然たる悪人であると考えるより――もちろん彼は立派すぎるほど立派な悪人だが――その邪悪さの陰に嫉妬が潜んでいると考えるほうがよく理解できる。彼は自分を出し抜いてオセロの副官に任ぜられたキャシオに嫉妬しているし、またひょっとしたらオセロが、かつてイアーゴの妻エミリアを憎からず思っていたことに嫉妬していたかもしれない。しかし何といっても、オセロの人格の偉大さに、大局的な見地で動くことのできる美質に、嫉妬をおぼえていたに違いない。イアーゴの悪意が嫉妬に条件づけられたものだったために、全篇を通じて彼の憎悪の炎は、嫉妬によってかき立てられ続けることとなった。

このように、嫉妬は謎めいて多面的な現れ方をする。ときに嫉妬は冷淡なまでに中立公平で、キャシオがイアーゴにとって障害となったような意味では障害とはならないようなものにさえも、取りつくことがあるのだ。

＊

今度は、西洋文学において嫉妬を中心にすえた最高傑作といえる『ビリー・バッド』を取り上げてみよう。

物語の冒頭で、ハーマン・メルヴィルは、悪魔もまた嫉妬にさいなまれており、悪魔の行動の大半が嫉妬から出発していることを思い出させてくれる。メルヴィルが創造した美丈夫の水夫ビリー・バッドは、「特にこの点において、格好の実例を提供していると言えよう」。

メルヴィルは記している。

「つまり、嫉妬心からエデンの園を台無しにしたおせっかいやき――悪魔が、いまだにこの地球という惑星と人間との関係に、陰に陽に手を出してくることを示しているのだ。あらゆる人の営みに、悪魔は何らかの形で自分の手札をまぎれ込ませてくる——あたかも、おれだって手ができているんだぞ、とでも言いたいかのように」

『ビリー・バッド』は、善良な人間が性悪な人間によって破滅させられる物語だ。それもただ、性悪な人間が、善良なる人間の美貌や純粋で広い心持ちを忌み嫌ったばかりに。

ベルポイント号の先任衛兵伍長ジョン・クラガートは、「空のような眼をした」ビリーを見たとたん、一目で腹の底から嫉妬をおぼえ、苦々しい嫉妬の上に、痛烈なさげすみの念が加わった。

ジョン・クラガートの人物像を描こうとしたが、「ついにしっくりいかなかった」とメルヴィルは書いている。彼に言わせると、クラガートは「生まれながらに腐敗して」いて、かつ「立派な社会的地位」を身にまとい、監獄ではなく文明社会をそのすみかとしている。「強欲でも貪欲でもなく」、「あさましくもなければ好色でもない」。表向き理にかなった生活を送っているように見えるけれども、心の奥底にははなはだしい不合理を抱えてい

郵　便　は　が　き

料金受取人払郵便

京橋支店承認

6548

差出有効期間
平成23年 7 月
20日まで

104-8790

905

東京都中央区築地7-4-4-201

築地書館 読書カード係 行

お名前	年齢	性別	男・女
ご住所 〒 tel e-mail			
ご職業（お勤め先）			

購入申込書 このはがきは、当社書籍の注文書としてもお使いいただけます。

ご注文される書名	冊数

ご指定書店名　ご自宅への直送（発送料200円）をご希望の方は記入しないでください。

tel

読者カード

ご愛読ありがとうございます。本カードを小社の企画の参考にさせていただきたく存じます。ご感想は、匿名にて公表させていただく場合がございます。また、小社より新刊案内などを送らせていただくことがあります。個人情報につきましては、適切に管理し第三者への提供はいたしません。ご協力ありがとうございました。

ご購入された書籍をご記入ください。

本書を何で最初にお知りになりましたか？
□書店　□新聞・雑誌（　　　　）□テレビ・ラジオ（　　　　　）
□インターネットの検索で（　　　　　）□人から（口コミ・ネット）
□（　　　　　　）の書評を読んで　□その他（　　　　　　　　）

ご購入の動機（複数回答可）
□テーマに関心があった　□内容、構成が良さそうだった
□著者　□表紙が気に入った　□その他（　　　　　　　　　　）

今、いちばん関心のあることを教えてください。

最近、購入された書籍を教えてください。

本書のご感想、読みたいテーマ、今後の出版物へのご希望など

□総合図書目録（無料）の送付を希望する方はチェックして下さい。
＊新刊情報などが届くメールマガジンの申し込みは小社ホームページ（http://www.tsukiji-shokan.co.jp）にて

るのだ。

　こういう生まれながらに腐敗しているタイプは、「もっとも危険な部類の狂人である。なぜなら彼らの狂気は常に現われているのではなく、ある特定の事柄に触発されて、随時爆発するものだからだ。その狂気は、自制的と言えるほどにうまく隠されている。しかも、もっとも旺盛に現れているときでさえ、まっとうな精神の持ち主から見れば、正気と区別ができないほどなのだ。だからその狂気の矛先――それはけっして公然と語られることはないが――が何であれ、狂気が向けられる方法は、表向ききわめて合理的に見えるのだ」。

　物語が苛酷な結末へと進むなか、メルヴィルはごく簡潔な筆致で、クラガートの嫉妬の背後にある偏狂を垣間見せている。メルヴィルは、洞察力にすぐれた嫉妬の解剖学者だったのだ。

　物語の中盤、筋がやや主題とずれてきたように思われる部分で、彼は問うている。

「犯した罪の認否を問われたとき、多くの人間が罰を軽減してもらおうと恐ろしい行為の非を認めるが、はたして自分が嫉妬していることをまじめに告白する者がいるだろうか」

さらに、「誰もが嫉妬を認めないばかりではない。嫉妬の汚名が知的な人間に帰せられたとき、善良な人々は、ようとして信じない傾向にある。しかし、嫉妬が根ざしているのは頭脳ではなく心なので、いくら知性があろうとも、嫉妬に逆らいうる保証はないのである」とつけ加えた。

嫉妬のあまりビリーを憎悪するクラガートは、ビリーをありもしない罪におとしいれる証言をすることになる。非難されたビリーは、無垢のビリーは、吃音癖のためにうまく答えることができず、反射的に最悪の行動に出てしまうのだ——思わずジョン・クラガートに殴りかかり、彼を死へと追いやってしまったのである。それは、ふたつの命を奪う一撃だった。というのも、根がいくら純朴であれ、人をあやめてしまったビリー・バッドも、絞首刑に服さないわけにはいかなかったからだ。

メルヴィルは、物語を締めくくる言葉をヴィア船長に言わせている。星のように輝くヴィアなる異名を持つ思慮深い船長は、この出来事を謎だとしたうえで、「しかし聖書の言葉を使うならば、これは非道なる謎であり、心理学を心得た神学者に論じてもらわねばなるまい」と結んだ。つまり本当にわからないのは、誰がジョン・クラガートの心に嫉妬を植えつけたか、ということである。

誰が人の心に嫉妬を植えつけるのか?

メルヴィルがこの小説を書いてから一〇〇年以上が経つが、いまだにその答えはわからない。この世にはけっしていない、心理学を心得た明晰なる神学者がその答えを教えてくれるのを、わたしたちは今日もまだ待ち続けているのだ。

ENVY

第８章

終わりなき嫉妬の社会

CHAPTER EIGHT

Under Capitalism Man Envies Man; Under Socialism, Vice Versa

嫉妬の炎は心を焦がす

喉は詰まり、目玉が眼窩からくり抜かれる思いがする

Y・オレーシャ

第8章 終わりなき嫉妬の社会

貪欲は資本主義社会の罪であり、嫉妬は社会主義社会の罪であると言われる。

この言葉には一理、いや二理も三理もある。思いきり好意的な言い方をすれば、貪欲は対抗心からくる嫉妬に、毛の生えたようなものだと言うこともできるだろう。

資本主義のもとでは、人は他人と同等に裕福になる自由が認められているし、運がよければ人より裕福になることもできる。社会主義は平等の旗のもとに、誰もが他者よりも多く所有しないことを目指す社会だ。かつての世界では、「ひとりひとりの能力に応じて生産したものを、ひとりひとりの必要に応じて分配する」というフレーズが、現代よりはるかに高らかに響きわたっていたものだ。

マルキシズムの唱えるところは多々あるが、そのうちのひとつは、嫉妬深い人々に積年のうらみを晴らす機会を提供することだ。そうでもなければ、カール・マルクスの言うように、間断なく続く階級闘争がやがて終わりを告げ、貴族も年金生活者もブルジョワも、およそ労働者を除くすべての階級が息絶えたあと、輝かしいプロレタリア独裁が訪れるなどと、誰が考えることができようか。

ヘルムート・シェックは書いている。

「ただマルクス主義においてのみ、奪われ、搾取されてきたプロレタリアートを抽象化し、美化するマルクス主義においてのみ、倦むことのない嫉妬心は完全に合法のものとされたのである」

マルクス主義を、経済理論というよりも集団の復讐劇のようにとらえる者もいるかもしれない――金持ちを沈めろ、やつらの血の海に、と言わんばかりに。

ここでの嫉妬は、社会の不公正が個人のレベルで現れていると解釈することができる。どうしてわたしでなく、あいつなのか？　――嫉妬に駆られる人間が発するこの問いは、結局のところ、この世界での物事の配分が不公平であることを追及している問いなのだ。

社会主義によって排除されるもの、それは社会の不公正と嫉妬であるはずだった。すべての人が平等であるならば、嫉妬する理由などない。しかし問題は、ほかよりもさらに、平等になってしまう輩が必ず出てくるということだ。一段上の平等に位置した者たちは、ほかの者たちを踏みにじることが可能な立場となる。しかも人はこの地位におかれると、どうも他者を踏みにじりたくなってしまうようだ。それも、ソ連や毛沢東の中国に見られるように、あきれるほど大勢の人間がその傾向にある。

*

嫉妬も一般に広まれば政治になる。ジョン・ロールズが『正義論』で書いているように、社会の大半が——少なくともかなりの部分の人々が、「一部の人々が持っている特定の何かではなく、自分たちも持っているさまざまな財を誰かがより恵まれて所有していると、不公平感を感じたとき」に、嫉妬は一般のものとなるのだ。

「上流階級は、富と機会に恵まれているがゆえに嫉妬される。彼らに嫉妬を感じる者たちは、自分たちも同じだけ恵まれたいと願うのだ」

一方、特定の何かに感じる嫉妬はもっと個人的で、ずっと貪欲だ。それが得られないからといって、社会の体制や制度に不平を唱えるようなことはめったになく、むしろ不満の矛先は神様だったりする。


ロールズの言葉を借りれば、「嫉妬とは、自分たちより多くのものに恵まれていることを、敵意の目で見てしまう性向であるとみることもできる。しかし、人が自分たちよりも幸運であるからといって、それによってわたしたちの利益が損なわれるとは限らない」。そこで嫉妬とは、「集団にとって不利益であると言える。他者をうらやむ個人が、両者のあいだの差異をただ縮めたいがために、みずから進んで両者にとって不利益な行動をとる可能性があるからだ」。

階級間の闘争が熱を帯びると、まさにそういうことが起きる。一九七〇年代後半から一九八〇年代はじめにかけて、イギリスでは産業界の命運を労働組合がにぎっていた観があった。その頃、労働者階級生まれのイギリスの友人が教えてくれた。労働組合の指導者たちは、あまり過激な行動に出るとイギリス経済自体が沈滞すると言われても、「それはかまわないんだ。上流階級のやつらが一緒に沈んでくれるなら、それでいいのさ」と答えたものだと言う。もっとも攻撃的で政治的な形をとった嫉妬がここに見られる。

ジョン・ロールズの意見では、社会の秩序が整っていると、嫉妬を生み出すような条件が「完全に防がれるとは言えないまでも、かなり緩和される」であろうという。秩序のある社会、すなわち公明止人な社会正義や、万人にほぼ平等な機会が保障される制度の整えられた社会では、市民が所有する富に差があっても、その深刻さを取り除くことができる。

ロールズはこうも言っている。

「秩序だった社会では、市民レベルで多様な団体・組織（教会、クラブ、組合など）が存在し、それぞれが安定した基盤を持っているために、人々のさまざまな将来像が、少なくとも表面的には悲惨なものに見えないように和らげる効果がある」

それも、有利な立場にある者たちが「優位でない者たちの不利な状況を、少しでも小さく見せようと計算して」自分たちの優位さを誇示しないようにしたと仮定しての話だ。現在のように広告業がのしてきている時代にあっては、なかなか容易なことではない。

ジョン・ロールズも十分に気づいているように、嫉妬は公正を自認している社会にとっても、また正当な批判も受けず、易々と監視することもできない社会にとっても、問題を生み出す種になる。

＊

大きなスケールでは、国際関係の場にも、嫉妬から生じる問題がある。戦争は多くの場合——いやほとんどの場合と書きたいところだ——、ある国家がほかの国家の領土やそこから生み出される富に嫉妬したことから、あるいは手にしている富が少ないために富んでいる国に嫉妬する理由を持つ人々によって、富がおびやかされることを恐れたことから、引き起こされてきたのだ。

大国同士が勢力の均衡をはかるのは、このような食うか食われるかの状況を避け、最高の征服者になろうとする衝動を抑えるためである。これはときに、小国を相手にする場合よりうまく機能してきた。

またある国の人が、よその国の人に強い嫉妬を抱く場合もある。その国の人間が、あまりにもやすやすと富を手に入れているように感じてしまうのだ。

こうした嫉妬のケースを考えてみると、反米感情の根底に嫉妬があることを思わずにはいられない。ティモシー・ガートン・アッシュが、『アメリカにおける反欧主義』と題したエッセイで「反米主義に見え隠れする感情は、嫉妬と混じりあったルサンチマンである」と書いている。

二〇〇一年九月一一日、ニューヨークの世界貿易センタービルが攻撃されたあと、醜い形で火花を上げたのがこの手の嫉妬だった。米国以外の、もともと反米的だった知識人の多くが九・一一事件はアメリカの外交政策が招いた結果だとコメントしたが、そうした主張の裏に、どこか個人的な悪意が感じられないではなかった。ヨーロッパなどアメリカ以外の知識人たちが、《ロンドン・レビュー・オヴ・ブックス》や《グランタ》といった雑誌に、アメリカは自業自得だったという意見を寄せた。正義の観点から見れば、同様の攻撃がまた行われてもおかしくないし、行われて当然だと暗に述べていたのだ。

こうした反米の論調のなかにも、標準的な水準を保っているものはある。劇作家のハロルド・ピンターは、アメリカは「傲慢で無関心（人々の苦しみに対してと言いたいのだろう）、国際法を軽視している」とし、それが「アメリカの力や資本主義を見せつけられたときに、アメリカに対して激しい嫌悪と反感をおぼえる」もととなっていると指摘している。うまく要点を言い表していると言えるだろう。

しかし、標準的な水準を保っているもの以外には、色濃くにじんだ嫉妬を感じてしまうのだ。たとえば、トルコの小説家オルハン・パムークがグランタ誌に寄せた文章を見てみよう。

彼が物心ついてはじめて意識したアメリカは、イスタンブールの同じ共同住宅に住んでいたアメリカ人の少年だった。アメリカ人の少年は、とても質のいい大理石を持っていた。トルコの大理石ではおよびもつかないようないい石で、自宅のバルコニーから通りで遊んでいるパムークたちめがけて落としてきたという。アメリカがその富ゆえに、他を見下していることを暗示している。

　同じ雑誌でインドのフマチャンドラ・グハは、「歴史的に見てインドでは、アメリカの最大の才能——金儲けの才能に対する倫理的な嫌悪感から、反米主義が形成されてきた」と述べている。アメリカ生まれでチリの市民権を取ったアリエル・ドーフマンは、あるとき、騒々しいアメリカ人の子どもがプールに落ち、溺れかけているところを見た。一瞬、「自分には関係ない、あの子どもにはいい薬だ」と、ひねくれて冷淡な気持ちに襲われたという。幸いなことに、そのあとドーフマンは子どもをプールから救い上げたが、これほどの激しい憎悪は根深い嫉妬からでなくては生まれてはこないだろう。

　Y・オレーシャがソ連を舞台に描いた掌編『羨望』の登場人物は、「嫉妬の炎は心を焦がす。喉は詰まり、目玉が眼窩からくり抜かれる思いがする」と言っている。

この小説の登場人物たちは、社会主義が徹底して悪夢のような官僚主義がまかりとおる社会で暮らしている。まともな感性がまだ根こそぎ吸い取られていない者たちは、自分たちの人生が花開く可能性を完全に抑え込まれているのを知っている。

「わたしは彼を気の毒に思う」

物語の語り手が思うのは、自分の父親のことだ。

「彼はもう美丈夫でもなければ有名でもなく、期限を過ぎた製品だ。もはやなんの価値もないのだ」

父親だけではなく、物語の語り手も含めた登場人物は全員、もはやなんの価値もない。将来があるのはただ、ソ連官僚主義を絵に描いたような、想像力のかけらもなく祖国の栄光のためだけに働くことができる者たちだけだ。

主要な登場人物のなかで、大きな特権を与えられているひとりは、完璧なソーセージをつくり上げることを仕事にしている。

「だがそれは、わたしたちのためではない」

表向き正気を失っている（実際には失っていない）イヴァン・バビチェフが娘に言う。

「わたしたちに残されているのは、嫉妬また嫉妬だけだ……」

嫉妬と、そして無頓着。

「こうなるともう、無頓着こそ人間のもっともすぐれた特性ではないかとさえ思える」

これもイヴァン・バビチェフの見解だ。

「おおいに無頓着を発達させようではないか」


オレーシャの描く陰鬱な物語が言わんとしているのは、可能な限り嫉妬が排除された社会にとらわれた人々に残されるのは、その外に生きることができる人への嫉妬だけだ、ということではないだろうか。

解体されたいま、ほとんど誰からも惜しまれていないソビエト連邦ほど、嫉妬が蔓延していた社会もあるまい。財を貯め込んだ隣人を密告することが奨励された社会では、嫉妬は生きる術となり、それも安楽に生きる術となっていたのだ。

これまで地上に出現した理想郷において、どんなに厳しく理想を追求した社会であっても、嫉妬を完全に追放できた例は、いまだかつてひとつもない。

第9章
誰もが誰かのユダヤ人

CHAPTER NINE

Our Good Friends, the Jews

誰にでもひとりやふたり
軽蔑することのできる相手がいる

第9章
誰もが誰かのユダヤ人

ユダヤ人は、うらやむべき存在だろうか。

正面きってそう考える人は、まずいないだろう。

長い離散《ディアスポラ》の歴史のなかで、ユダヤ人たちはたまたま腰を落ち着けた国々において、公然と、うらやまれるのではなく、うとましがられる存在とされてきた。遠すぎるほどの昔からつい最近まで、反ユダヤ主義という名の憎悪が幅を利かせていた。この根強い憎悪の陰に、嫉妬はあったのだろうか。それも、歴史上もっとも忌むべき形をとった嫉妬が。

近現代の社会で、経済的にも職業的にも、ユダヤ人が大きな成功をおさめてきたことには感心させられる。しかしそんなとき、よくある反応として嫉妬を感知することがある。

一九三九年のウィーンでは、人口の九〇パーセントがカトリック教徒で、ユダヤ人は九パーセントだった。ところが職業別にみると、弁護士の六〇パーセント、医師の半数以上、広告会社重役の九〇パーセント以上をユダヤ人が占め、さらには、当時一七四人いた新聞編集者のうち一二三人がユダヤ人だったという。このほかにもユダヤ人たちは、銀行や小売業でも高い地位を占め、学問や芸術の世界でも活躍していた。これより四、五年前のベルリンにおいても、だいたい同じくらいの数字だったようだ。

こうして、ユダヤの人たちはおおむね地域社会に溶け込んでいた。では、彼らが社会的に大きな成功をおさめていたことと、ナチスが政権をにぎったあと、ドイツ人やオーストリア人が自国のユダヤ人に残忍なふるまいをしたこととのあいだに、直接的な関連はないと言えるだろうか。それ以前の迫害者たち――ロシアの虐殺者やポーランドの農民、復讐に燃えるアラブ人――も、冷酷非情にユダヤ人の息の根を止めることを、なんとも思ってはいなかった。

だがナチスは、殺戮の規模において他の追随を許さないところまでいったものの、気の毒な犠牲者たちを殺す前に、まずはずかしめずにはいられなかったようである。少なくともドイツとオーストリアでは、ユダヤの女性に床を磨かせ、ユダヤ人医師にウィーンの石畳を歯ブラシで磨かせ、その脇でナチスの若者が放尿したりした。あるいは年老いたユダヤ人をひざまずかせて、気を失うまで、ときには死ぬまで、何百回も土下座をくり返させた。

それもこれもみな、社会的成功で水をあけられた分を取り戻してやろうとする悪意の表れであり、その悪意のひとつひとつに、歯止めを失った嫉妬が醜く刻印されていると見ることができるのではないか。

ドイツやオーストリアのユダヤ人は、人口比からいって突出した成功をおさめた。しかし嫉妬にくもった目から見ると、割当て以上に、許されている以上に成功したと見えたのだろう。だからいま、その代償を払わせてやる——嫉妬が例を見ないほど、あからさまに表に現れてきたのだ。

＊

ユダヤ人はなぜ成功するのか——その理由は、ヨーロッパでもアメリカでも、おもしろおかしくさまざまに言い立てられているが、どれひとつとして十分な説得力はない。

いちばん古くから言い慣わされていて、意地の悪さでも先頭を行っているのは、「シオンの密約」説だ。国際的なユダヤの陰謀組織があり、非ユダヤ人には想像もつかないほどひそかに、巧みにユダヤ人同士が助け合っているというのである。

また、これもずいぶん眉唾だと感じたのだが、傑出したユダヤ人たちがナチのヨーロッパから逃げ出して、きわめて優秀で純粋な遺伝子プールが残されたため、そこから成功する遺伝子を取り出しているのだという説が、まことしやかに論じられていたこともある。

もっとも一般的で節操のある説は、差別と偏見のなかで世襲や慣習によっては成功できなかったユダヤ人たちが、実践的な知識を身につけざるをえなかったというものだ。

しかし、ユダヤ人が社会でめざましい成功を記す以前から、彼らは嫉妬にさらされてきた。その嫉妬の要因は、さほどわかりやすくはない。ユダヤ人の日々の生活にまでは必ずしもおよんでいないが、ユダヤ主義の核には弁別の感覚がある。聖書にいう神の「選民」であるがために、ユダヤ人が負わなければならなかった重荷は、自分たちがほかとは異なることを宣言し、特異性を保ち続けることであった。それは、さまざまな方法で行われる。たとえば割礼、食に関する作法、また自分を「遵法者」と呼ぶための細かな儀式の数々。

ユダヤ人には、もろ刃の剣が突きつけられているようなものだ。彼らはどのような社会にも同化することはできるが、イスラエルを例外として、同化したことで軽蔑され、さげすまれる恐れがある。一方、社会になじまず特異性を保っていれば、それはそれでさげすまれるかもしれない。

「反ユダヤ主義の必要性」と題した講演で、フレデリック・ラファエルが述べていた。
「同化すればユダヤ人はユダヤ人でなくなり、同化を拒めば世界の喉につかえる刺になる」

ラファエル自身がどちらの立場を好んでいるかは、講演のはじめのほうで紹介された逸話からうかがうことができよう。ナチス占領時代のパリで、ユダヤ人は黄色い星を身につけるように命じられていた。ある無名の劇作家は、葉巻を吸いながら四輪馬車《フィアクル》を駆っているときに、黄色い星をつけたのだそうだ。友人から目立つようなまねをしないほうがいいと忠告されると、「おお、わが友よ、いま鷹は爪を隠しているときではないよ」と答えたという。

*

「誰もが誰かのユダヤ人である」とは、イタリアの化学者であり、アウシュヴィッツ強制収容所から生還したことでも知られるプリーモ・レーヴィの言葉だ。誰にでもひとりやふたり、軽蔑することのできる相手がいるということで、誰にでものなかには、もちろんユダヤ人も入る。しかし軽蔑の相手がユダヤ人になると、事情は違ってくるように思える。

第9章
誰もが誰かのユダヤ人

ユダヤ人は単に軽蔑されるだけではない。ユダヤ人に対する軽蔑が口にされるとき、そこにはたいがい嫉妬がたっぷり混じっているように感じられるのだ。

ユダヤ人社会というのは容易に抜け出せるような集団ではないし、二〇世紀に起きたあの出来事のあとでは、抜け出そうとするのが名誉ある行為であるともいえないだろう。

わたし自身は、ユダヤ人であるからといって特に「選ばれた」とも感じないのだが、実のところ一種の特権意識のようなものは感じないでもない。自分がユダヤ人、それもアメリカのユダヤ人に生まれた幸運に、自尊心をくすぐられないこともないのだ（わたしは一九三七年一月九日生まれなので、もしヨーロッパで生まれていたら、生きてこの文章を書いていなかった可能性は十分ある）。

アメリカで生まれたことで、偉大なる国の一部になれると同時に、ユダヤ人に生まれたことで、アメリカ社会からほんの少し距離をおくこともできる。物書きとしては悪くない立場だ。

だが反対に、自分であれそのほかの誰であれ、ユダヤ人は、もしもユダヤ人でなかったら、ユダヤ人のことをどう思うのだろうかと考えてしまう。

わたしもまた、反ユダヤ主義にとらわれるのだろうか――口には出さないまでも、ほんのときたまのことであっても。

ジューのやつら、ふたこと目にはホロコーストを持ち出しやがって……などと人と話すのだろうか。

科学や医学の現場、大学やメディアで、ユダヤ人たちがいい仕事に就いているのを怪しんだり、うらやんだりするのだろうか。

近年ますます実力第一主義になりつつあるアメリカ社会で、ユダヤ人やその子孫たちが築き上げていく成功を見るとつい、そこはかとない悪意に彩られた嫉妬をおぼえてしまうのだろうか。

ユダヤ人にしてみれば、自分の人生を最大限に生きようとしているだけの行為でも、まるで必然であるかのように、嫉妬の種になってしまうのだろうか。

そうではないと願いたい。だが——なぜいけない？　どうしてそうなってはいけないのだろうか。嫉妬が頭をもたげてくるのに、さしたる言い訳は必要ない。そのうえユダヤ人ときたら、長く数奇な歴史を通じて、そして何より逆境を跳ね返して成功を重ねてきたことで、嫉妬される理由を存分に提供してくれているのだから。

第10章

他人の不幸はどんな味？

CHAPTER TEN

Enjoying the Fall

友人が何かうまくいったと聞くたびに

わたしのなかで何かがひとつ死んでいく

ゴア・ヴィタル

第10章
他人の不幸はどんな味？

　嫉妬がとりわけ冷ややかになるのは、これまでに一度も会ったことのない——今後もけっして会いそうにない人へ向けられる場合だ。ここで思い浮かぶのは、セレブと呼ばれる人たちだ。スポーツ選手、映画スター、芸術家、そして途方もない大富豪。

　ポール・ヴァレリーは書いている。

「われわれの憎悪は、自分たちがこうありたいと願う何かを体現している者に向かうとき、もっとも強く活力を持つ。わたしたちが憎む相手とわたしたちが願う状況とが近く感じられるほど、憎悪は熱を帯びる。わたしたちが手に入れたい富を、名誉を手にしているのは『窃盗』であり、人々が理想と肉体を、頭脳を、才能を持ち合わせているのは、まぎれもなく殺人に値する。なぜなら、ほかの人間がそのような状況を手に入れているという事実は、理想が手の届かないものではなく、そうした場所が用意されていることを示すものだからである」

となると、わたしたちの欲しいものを手に入れ、なりたい人間になっている人の正体が割れたり、しくじったり、困った状況で失脚したりすると、なんともうれしいものだ。それが面目も失うような転落の仕方だと、なおいい。

＊

理不尽にも不運な目に遭ったとき、たとえば事故に遭ったり、不摂生したわけでもないのに病気をしたり、いわれのない責任を負わされたりしたとき、つい口をついて出る言葉がある。「なぜわたしに！」と言いたくなるのは、いかんともしがたい。どうしてこんなことが自分の身に起きるのか、それでなくとも人生苦労が多いのに……。

しかし嫉妬に心が占められていると、「なぜわたしに」が「なぜあいつらなのか！」になる。どうしてあいつらは、すごいスポーツマンに、すごい美人に、すごい天才に、すごい金持ちに生まれつくほど運がいいのか。どういう資格があって、あいつらはあんなに金があるんだ、世間の注目をあびるんだ、愛されるんだ、安楽な生活を送れるんだ……どうしてわたしじゃなくて、あいつらなんだ！

四〇〜五〇年前、そういう疑問は、いまほどしつこくくり返されなかったのではないだろうか。

当時、個人のふところ事情はあくまでも個人の、つまり他人が鼻を突っ込むべきではない問題だと考えられていた。しかし、現在ではスポーツ選手が一シーズンいくら稼ぐのか、映画スターの出演料が一本いくらなのか、本一冊で作家にいくら支払われるのかということは、ほとんど周知の情報となっている。

デザイナーが株式を上場したり、経営のプロが大企業から別の大企業に移ったり、有名人が不動産を購入したりすると、どのくらいの金額が動いたか、かなりの正確さで取りざたされる。ときには、あのピッチャーは一イニング投げるのに四万六千ドルだとか、あの歌手は一ステージが六〇〇万ドルだとかいうように、事細かに言い立てられる場合もある。

「ＮＢＡのヒューストン・ロケッツは昨日、ポイントガードのスティーヴ・フランシスと六年間の契約を結んだ」

二〇〇二年八月二七日のニューヨーク・タイムズ紙に報じられた。「これでロケッツは、二〇〇八～二〇〇九年のシーズンまでフランシスを確保した。二五歳のフランシスは、これまで一四〇〇万ドルあまりで四カ年の契約を結んでいたが、今年がその最終年にあたる。あらたな契約によると、六年間で八〇〇〇万ドルから九〇〇〇万ドルが支払われる見とおし」だそうだ。

思わず息が止まるような話だが、息をしないではタイムズ紙の細かい活字を追うのは難しい。これから一日をはじめるぞ、というときに読みたい記事とは言えまい。コーヒーが酸っぱくなってしまう。

プロ・バスケットボールはそれなりに見るが、スティーヴ・フランシスなる選手は聞いたことがなかったし、黒人なのか白人なのか、気立てがいいのか悪いのかもわからない。ただ、彼のごく近しい親戚以外はみんな感じたと思うのだが、一年間、この若者が短いパンツにランニングシャツで、ゴムのボールをつきながらバスケットボールのコートを走りまわるだけで、ざっと一四〇〇万ドルの価値があるとはとうてい思えないのだ。彼のことをろくに知りもしないのに、早くもいけすかなくなってきた。ご家族には悪いが、彼の健康と活躍を祈る気持ちには、とてもなれそうにない。

収入にかかわることだけでなく、かつて一般人は、有名人のことをいまほどよく知らなかった。ケーリー・グラントとリタ・ヘイワースは、トーク番組に出演したりしなかったから、実は無教養だったとしても低能ぶりをさらけ出したりしないですんだし、ベーブ・ルースもソニア・ヘニーも、高級誌で生い立ちをあらいざらい暴露されたりしなかった。

宣伝会社の仕事は、超がつく金持ちに一般人のファンをつくることではなく、一般人の好奇の目を遠ざけておくことだった。嫉妬を寄せつけないという意味では、価値ある仕事だった。

しかし、いまやそうではない。現代のわれわれは、華やかで才能にあふれた人たちがいくら稼ぎ、どういう人となりなのか、逐一知っている。そういう情報に接したときの反応は、まず不公平感を持ち、それが募ると、恵まれている人間に多少なりとも敵意を抱く。


多くの人が能天気な悪意を抱いているだろうとわたしは思う。《ナショナル・エンクワイアラー》や《ザ・グローブ》といったゴシップ紙がごまんとあって、年中タレントや有名人や金持ちのさらなる挫折をあばき、嫉妬深い人たちの溜飲を下げさせているくらいだから、非常に多くの人が恵まれた人間を毛嫌いしていることは間違いない。

そうしたゴシップ紙は《ナショナル・シャーデンフロイデ》と呼んでもいいかもしれない。――オプラが過食で三〇キロ太る、ブリトニー・スピアーズの恋人実はふたたまた、シエールの娘困った、ブラッド・ピット結婚生活危機、ホイットニー・ヒューストンまたもドラッグ、ケネディ家の孫がまたしてもトラブル、ドナルド・トランプ巨額の離婚慰謝料を求められる……などなど。

人より恵まれた境遇にある人がこうして不名誉を報じられると、つり合いが取れ、世のなかは以前よりも公平な場所になるというわけだ。ジャッキー・グリースンのドラマに出てくるラルフ・クラムデンがよく言うように、「こりゃ、おいしいぞ！」。

「シャーデンフロイデ」とは、このようなとき、つまり人の失敗や敗北に、にんまりしてしまう感情を言う。シャーデンフロイデには長い歴史がある。人間の歴史と同じくらい長いと言ってもいい。

一七世紀の作家ジョナサン・スウィフトが書いた二行連句『スウィフト博士の死を悼む詩』を読むと、どうやらスウィフトは、シャーデンフロイデが自分にもありうると考えていたようだ。彼の死を知った人々の反応をうたった部分は、「みな各々みずからを抱きしめた。それというのも、人生まだ悪いことばかりではないとわかったからだ」。わたしたちがみな、隣人の不運をいたって冷静に受け取ってしまえることも、スウィフトは知っていた。

冷笑は冷徹の衣をまとう
精神の鎧が差し出す衣を

シャーデンフロイデは新しい概念というよりも古くからある現象で、酸っぱい感情ばかりを集めた荒廃した庭で、長年風雪に耐えてきた多年草なのだ。

ロード・バイロンは、劇作家で政治家のリチャード・シェリダンに向けられた攻撃も、もとはといえばシャーデンフロイデのなせるわざであったと考えた。

眠らぬ目をした仇が潜んでいる
感情的になり、非難し、裁き、スパイする
愚かしくそねむ、空虚な敵対者
他者の痛みを知って呼吸する
その持ち主は腐敗を喜び

墓場まで、栄光の道をたどり
勇敢なる天才がやむなく犯した失策のひとつひとつをあげつらう
それがおよそ生まれからくる熱意のためであれ
真実をゆがめ、嘘を重ね、
中傷のピラミッドを築き上げる

全能であるはずの誰かが失墜したとき、シャーデンフロイデは最高潮になる（政治の世界では、ジャーナリストのアンドリュー・サリバンが「ヤンキーエンフロイデ」なる造語をつくった。アメリカ経済の停滞を喜ぶヨーロッパを表している）。

あえていえば、全能の誰かのなかには、失墜するのは当然の報いだと思える者もいる。そういう場合には、シャーデンフロイデ以外の感情も混じってくる。たとえば、エンロンやワールドコムといった企業の犯罪だ。根の深い腐敗ぶりが、華々しくあばかれた。ここまでくると嫉妬は薄れ、公正を求める思いが頭をもたげてくるであろう。

空高く舞い上がったあげくに糸が切れてしまった重役たちがどんな人間だったかといえ

ば、嘘をつき、人を出し抜き、あらゆる責任を回避し、自分のことだけを考え、結果として社員たちには勝手にしやがれと言っていたも同然だった。こういう連中が権勢の座から滑り落ちるのを見たいと願うのは、嫉妬よりむしろ卑劣な人間を許しがたい思いからである。おそらくおおかたの意見では、まだ落ち方が足りないくらいなのではないだろうか。思うにこれはシャーデンフロイデの例ではなく、もっと単純に、社会正義を追求しようとしているのだろう。

では、カリスマ主婦マーサ・スチュワートの例はどうか。

彼女が犯したのは、株のインサイダー情報に耳をそばだて、株価が急落する前に大量の株式を売り抜けようという犯罪だった。

マーサがつかまると、全国で大勢の人が喝采を送った。インターネットには、留置場のマーサだの、刑務所のインテリアのアイディアだの、しましまの囚人模様でできる素敵な小物だのといった情報があふれかえった。

マーサ・スチュワートの不遇を小気味よく思うのは、社会正義を求める気持ちからなのだろうか、それともシャーデンフロイデに駆られているのだろうか。おそらく後者だろう。ここに、マーサ・スチュワートという女性がいる。ほかの人たちに、家事はこうするものだとあれこれ指図し、巨万の富を築いた。そんな彼女も、自分の家計となると、いささかあさましい一面を持っていたことがとつぜん暴露される（正直なところ、株のインサイダー情報を手に入れるという犯罪を持ちかけられたら断れるかどうか、試してみる勇気のある人はそうそういないとわたしは思う）。

マーサ・スチュワートの製品はエプスタイン家御用達というわけではないが、ある程度は知識があるので、わたし自身彼女がつまずいたことにいささかシャーデンフロイデ《胸のすく思い》を味わったことは否めない。

＊

シャーデンフロイデと正義感は、ときとして見分けがたい。

あるとき、自分は人の道をほぼ踏み外したことがないと、常々自慢している文芸評論家がガンになったと聞いた。その話をわたしは妻にして、あいつは道徳家ぶってはいるけれども、かといって死んでほしいとまでは思わないとつけ加えた。妻にとっては個人的な関心はない話だったが、彼女はあなたの気持ちはわかるわ、その人がほんのちょっぴり苦い思いをしてくれたらいいなって願っているだけなのよね、と言ってくれた。

そう、苦い思いだ。税務署から肝を冷やすような書状を受け取るとか、三度目の結婚も破たんするとか、子どもたちが彼の世界観を否定するとか……苦い思いをすればいいと思うけれども、死ぬことを願っているわけではない。

この男は賞を取り、教授職を手にし、世間から過分な評価を得た。あんな大馬鹿野郎なのに、わたしが手にしてきたよりも、ずっと多くのものを手に入れた。わたしがあいつを苦々しく思うのは、嫉妬なのか、それとも正真正銘の詐欺師に対する純粋な嫌悪感なのか。もちろんわたし自身は後者だと思いたい。この思いが嫉妬でも何でもないと確信できたなら、もっと気が楽になるのだが。

心理学者によっては、シャーデンフロイデは主に嫉妬が原因であるという。彼らの実験では、たいした努力もなく、才能や素質に恵まれているように見える人ほど、失敗したときには大喜びされた。生まれつき頭のいい人、恐ろしく器用な人、非の打ちどころなく美しい人――嫉妬深い人間は、そういう人たちが失敗し、つぶれていくのを見たいのだ。

シャーデンフロイデを真面目なものだと考えて、おおっぴらに口にする人もいる。自分の心のなかだけでぬくぬくと温めている人もいれば、罪悪感とともにシャーデンフロイデを抱く人もいる。

度合いはともかく、シャーデンフロイデを感じたら罪悪感をおぼえるべきなのだろうか。おそらくそうだろう。

理由はともあれ、ある人が自分よりも美質に恵まれているからといって、その人の失敗を望むのは本質的によくないことだ。シャーデンフロイデを研究する心理学者によると、シャーデンフロイデをもっとも強く感じる人は、がいして自分に対する評価が低い。だからこそ、ほかの人間が引きずりおろされるのをつい過剰に喜んでしまうのだ。

とはいえ、高みに昇りつめた人が転落するのをそこはかとなくでもおもしろがるのは、いかに不快であろうと、人間のごく自然な本質だと言えよう。

自然とは言えないのは、ごく身近な誰か――知り合いや友人や身内――の失敗を（密かに）喜ぶことだ。ラ・ロシュフーコーは人間性の負の部分を見つめることを恐れず、それを題材に数々の格言を残して有名になった人だが、特にこの点を言いえて妙なる格言がふたつある。

「われわれは誰しも、他人の不幸を耐え忍ぶ勇気がある」

「友人の不幸を哀れがる機会さえ与えられれば、わたしたちがその友人の不幸を乗り越えることはたやすい」

二番目の格言は、自分の愛する人の告別式で、みずから弔辞を読んでやろうという人には読ませないほうがいい理由を、見事に言いあてている。

シャーデンフロイデは見ず知らずの他人に抱いている分にはまだいいが、自分が気にかけ、愛おしむべき相手に抱いてしまうのはおおいに問題だ。成功した友人に嫉妬する――

第10章
他人の不幸はどんな味？

「友だちが何かうまくいったと聞くたびに、わたしのなかで何かがひとつ死んでいく」とゴア・ヴィダルは書いたものだ――ことと、友人の失敗に心底喜びを感じてしまうことのあいだには、画然とへだたりがある。

まっとうな人間であるものの、いささか上昇志向が鼻につく友人の昇進が白紙に戻ったと聞いたとき、学力以上の学校に子どもを進学させようと、躍起になっていたいとこの期待がかなわなかったと知ったとき、玉の輿に乗ろうとしていた妹の縁談が破談になったとき、心の奥底でひそやかに快哉を叫び、思わずほくそ笑んでしまうとしたら――ああ、それこそ真にとげのある嫉妬なのだ。そのとき嫉妬はシャーデンフロイデに取ってかわられ、そこから神の言う大罪がはじまるのだ。

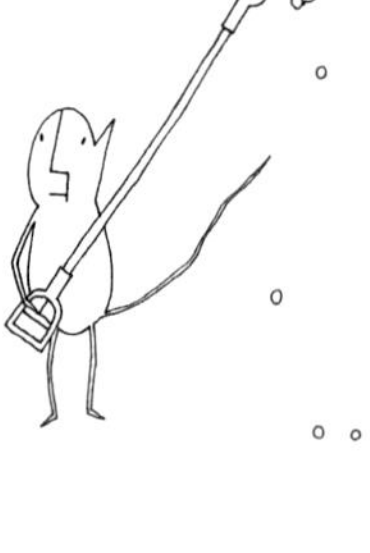

第11章
あんな葡萄はどうせ酸っぱい

CHAPTER ELEVEN

Resentment by Any Other Name

うらみがましい感情は

その感情を

行動に表してはならないという思いとともにある

マックス・シェーラー

シャーデンフロイデを引き起こすのは、嫉妬ではなく、うらみの感情であると考える心理学者もいる。ただ、うらみもまた嫉妬の背景になることがしばしばあるので、嫉妬とうらみの感情のどこが共通し、どこか違っているのかを明確にする必要がある。それを専門に考える人々のあいだでは、「リセントメント」という英語が使われなくなり、「ルサンチマン」というフランス語が用いられるようになっている。

というのは、「リセントメント」は礼を欠くような行動や不正な行為に接したとき、にわかに湧いてくる突き刺すような感情であり、消滅するのも早い。また、嫉妬にはたいてい特定の対象があり、もしもそれが手に入るとおさまってしまう。復讐も同じで、目的が遂げられると本は閉じられる。しかし、ルサンチマンはもっとずっと長く尾を引く感情で、人柄にまで忍び入って人格の一部をなしてしまう場合もあるのだ。

*

ルサンチマンをきわめた人物といえば、そのものずばり、『ルサンチマン』と題する著作を発表したマックス・シェーラーだろう。

シェーラーの見解では、ルサンチマンは自分が無力であると思い知るところからはじまる。ルサンチマンは、単純な嫉妬よりもずっと受動的だ。自分の意に染まない状況を、自分自身の力では変えられないとわかってしまう。それでも諦めきれないときに、芽生えてきやすいのがルサンチマンだ。

ルサンチマンがあると、人は自分ができないこと、持てないもの、成し遂げられないことを過小評価し、おとしめようとしがちになる。多くの識者が言うように、イソップの「キツネと酸っぱい葡萄」に、ルサンチマンの核心が言い表されている。

　木の上でなる葡萄にどうしても手が届かなかったので、キツネは、あんな葡萄はどうせ酸っぱいから食べられなくたっていいんだ、と自分を納得させるのだ。これこそ純然たるルサンチマンであろう。

　シェーラーの言葉を借りる。

「（ルサンチマンの）言葉を定義するかわりに、その性質を簡単に見ておこう。ルサンチマンはみずからの精神を毒するもので、きわめて明確な原因があり、結果が生じる。ルサンチマンは、人間の本質として当然存在する情緒や感情がひとつひとつ抑え込まれたことによって引き起こされる精神の傾向であって、長く持続する。そうした感情が抑え込まれると、常に価値をはき違えたり、特異な価値判断にふけるようになる。ここでいう情緒や感情とは、主として復讐心、憎悪、悪意、嫉妬、中傷、遺恨などである」

　つまりルサンチマンとは、人生に対するうらみやつらみといった、当然持っているはずの感情を置き去りにした精神状態だということだ。そうした感情に苦しめられ、かつ自分が無力であると感じている人たちは、うらみがましい感情を抱かせるもとになった何かを自分がどうにかできるとは、とうてい信じられない。

シェーラーは、ルサンチマンが起こるのは「うらみがましい感情がとりわけ強烈でありながら、同時に抑圧されている場合のみ」であると考えていた。それは、「うらみがましい感情が、その感情を行動に表してはならないという思いとともにあるからである。肉体や精神の弱さのため、あるいは恐怖心のために」。

シェーラーによれば、その結果はしばしば、人の人格を「苦々しく」「毒する」。それはついに、その人自身の視野が届く範囲に限ってではあるけれども、非難や粗探しの機会を歓迎するまでになる。

ルサンチマンに駆り立てられている場合は、間違っているところや悪いところがなくなってくれることを期待して非難するのではない。間違っているところや悪いところがなくなってしまうと、「毒舌をあびせ、否定することによって味わえる喜び」が台無しになるからだ。

シェーラーは、ルサンチマンを生み出す最大の要素が無力感であることを、くり返し何度も強調している。嫉妬や憎悪、復讐心がルサンチマンになるのは、そうした感情の対象について、自分ではどうすることもできないと悟った場合に限るのである。だからシェーラーに言わせれば、自分の無力を感じていない犯罪者は――逮捕され、収監されてしまった場合は別として――まったくルサンチマンを抱かない。兵士も同様だ。

最近までは女性の多くが、少なくとも社会生活や仕事の上ではルサンチマンを感じていた。しかし、フェミニズムが政治の世界で勝利をおさめたいまとなっては、ほかの課題や難問に追い出されて、ルサンチマンの出る幕はなくなっていくだろう。

高齢者は、ルサンチマン組に入りやすい。「若者が年長者のルサンチマンに耐えるべく、常に必死に戦っているのは無理もない」とシェーラーは言う。

シェーラーはまた、世の姑たちもルサンチマンに苦しめられる集団に挙げている。子どもたちが幼い頃は強力に手綱をにぎっていたのに、子どもが結婚すると、たいていその権力はおよばなくなり、ルサンチマンに口をとがらせながら傍観するしかなくなるのだ。

時代によって、ルサンチマンが浸透していく集団は異なっている。

たとえばカール・マルクスが言うように、労働者たちがかつては権力を持たないために無力を味わっていたとしても、二〇世紀資本主義のもと、労働組合が力をつけたことにより、その状態は終焉を迎えた。

効率一辺倒の社会で価値を認められない芸術家たちは、ルサンチマンを知っていたし、表していた。

*

ベトナム戦争に従事した兵士たちは、長いあいだ深刻なルサンチマンに苦しんでいるとわたしには思える。もちろん、それにはやむをえない理由があると多くの人は言うだろうが。大半のアメリカ人にとって、ベトナム戦争の意味づけがあいまいになっている以上、兵士たちは、自分たちの犠牲に大きな意味があったことを明らかにできないもどかしさを抱えているのだ。

第11章
あんな葡萄はどうせ酸っぱい

わたしがルサンチマンを抱える一大勢力として考えているのは、アメリカの知識人たち、特に人文系の学者たちだ。彼らは、自分たちが同国人のなかで飛び抜けて高尚な人間でありながら、ちっとも正しく評価されておらず、孤立させられ、価値に見合う報酬が得られないばかりか、尊敬もされていないと感じている。

年がら年中、何かに失望しているような空気をまきちらし、まるで世界が彼らを裏切ったとでも言いたげだ。ときにはそれが、何事につけても辛辣な態度となって現れ、またときには、やみくもに過激な政治姿勢となって現れる。過激に見える政治姿勢も、その本質はたいてい、自分たちのような高尚な人間たちがそれにふさわしい力を手に入れられるように、社会のありようを組みかえて、つくりかえていくことを目指すものだ。

わたしの知る限り、アメリカ知識人の抱えるルサンチマンをもっとも巧みに説明しているのは、哲学者のロバート・ノジックだ。ノジックの説によると、大学の教員などという人種は、たいがいは学校でいい成績ばかり取っていて、ほぼ例外なく、おまえはなんて賢いんだ、天才だと耳にタコができるほど聞かされ、育ってきている。これが小学校から大学院まで、ほぼ二〇年間続くわけだから、本人たちもその気になる。そして彼らは教師になることで、自分たちの努力がそれまで十分に報われてきた舞台、つまり教室に留まり続けることとなる。

まことに文句のつけようのない生き方に思えるが、ほどなくして、学校では自分たちより優秀でなかった連中が、実社会ではなかなかいい暮らしをしていることに気づき、影がさしてくる。

超一流とはいえない弁護士たちが年に何十万ドルも稼ぎ、頭の回転の鈍かった彼や彼女が、医者になって美しい湖畔に広壮な夏の別荘をかまえていたりする。粗野で陰気だったあいつが、株式市場や先物取引でしこたま儲けていたりする。

それなのに自分たちときたら――かつては教師たちのお気に入りで、通知表に麗しくAを並べてもらっていたのに、いまではみっともなくあがいている。金銭の問題だけではなく、魂の問題も抱えて。人生ちっともうまくいかないではないか。なんて不公平なんだ。

はじめは、いわば暗黙の了解があった。大学で教師を務めてさえいれば、この先ずっと知的な、あるいは芸術的な情熱にふけることを許される。そのかわり、市場経済のなかで戦っている人々のような、とびきりの贅沢は諦めねばならない、といったところだ。

たいていは、計画どおりに運ばないものなのだ。教職は約束されていたほど楽しいものでなく、いつか書けるだろうと胸を躍らせていた歴史に残る名著は、書かれはじめるきざしすらない。学生たちは、知的生活に対して情熱を示してくれない。教員は余暇が多いという触れ込みだったが、余暇を楽しむためには収入が不十分だし、余暇どころか教養人にふさわしい生活水準を維持することさえままならない。ルネサンス期イタリアの芸術についてはこっちのほうがずっとずっと知りつくしているのに、どうして頭のからっぽな弁護士のほうが金があって、トスカーナに別荘を買えてしまうんだ。こんな状況を放っておくなんて、どういう社会なんだ。あまりにも不公平だ、けしからん。

こうして嫉妬の感情は俗物根性と無力感を取り込み、宇宙規模の不公平さを前にふくれ上がって、膨大な数の人々をルサンチマンの境地へ追いやっていく。

ところでマックス・シェーラーは、「一三世紀以来、徐々にキリスト教の倫理観に取ってかわり、フランス革命において一気に最高潮に達したブルジョワジーの倫理観の中心は、ルサンチマンに根ざしている」とも記し、ルサンチマンの範囲をかなり拡大している。

勃興するブルジョア階級は、貴族たちと向き合ったとき、はたしてルサンチマンを感じたのだろうか——嫉妬と無力感が奇妙にないまぜになったルサンチマンを？

わたしにはたしかな答えの用意はない。ただ、言えることがひとつ。わたしたちのほとんどすべてが、生きているあいだに一度や二度は、気力をくじき力を奪い取るようなこのルサンチマンという感情に襲われ、暗く重たい絶望感が永久に続くような感覚を経験しているはずである。

第 12 章
嫉妬の毒を薄めるために

CHAPTER TWELVE

Is Envying Human Nature?

古代ギリシャの人々にとって
嫉妬は道徳上の問題というよりも
日々の現実であった

ピーター・ウォルコット

第12章
嫉妬の毒を薄めるために

嫉妬が多く見うけられる文化と、そうでない文化とがある。

仮に嫉妬が、運勢が遠くへだたった相手――実際、英国女王に嫉妬しても仕方ない――よりも、立場の近い者同士に起こりやすいというのが真実だとすれば、民主国家は嫉妬が最大に活躍する場となるはずだ。実際に、多くの場合でそうなっている。

アメリカは、いろいろな意味でここに名前を挙げられる資格があるといえるだろう。一九世紀なかば、アメリカ事情を視察したあと、政治家になったフランスのアレクシス・ド・トクヴィル――彼をここで無視するわけにはいかない――は記している。「民主制度は、人間の心に嫉妬の感情をもたらすのにもっとも長けている」と。

以前の章でも触れたが、嫉妬が野放図に暴れまわり、深刻な被害をもたらした国は、労働者による独裁を公式にかかげ、人類のきょうだい愛を目指したソ連をおいてほかにない。

もうひとつ、嫉妬が文化の中心的役割をはたしていた社会といえば、言うも辛いことながら、西洋の歴史のなかでも、もっともあがめられている古代ギリシャ、それも紀元前五世紀から四世紀のアテネなのである。

ピーター・ウォルコットの『嫉妬と古代ギリシャ』は、短いがすぐれた本だ。

ある人物が成功して裕福になると……ギリシャの人々にとっては、それだけでその人物を嫉妬する理由として十分であった。他人に対して何か悪いことをした場合は、これもまたその人物を嫌い、敵意をもって嫉妬していい理由となる。……（古代ギリシャの人々にとって）嫉妬は道徳上の問題というよりも、日々の現実であった。

ウォルコットは何度も、「古代ギリシャ人は、敏感に嫉妬という問題に気づいており、少なくとも、臆することなく正面から立ち向かったのである。つまり、人間とは嫉妬を抱く生きものであることを認め、どんなに不快であっても、嫉妬がどこにでも顔を出すという事実を無理に抑え込もうとはしなかった」ことを強調している。

何としても嫉妬のないポリスをつくろうと精一杯奮闘したのは、軍事優先の都市国家スパルタだ。食事は全員が一堂に会して同じ料理を食べ、子どもを両親から引き離して共同生活で育てた。

ウォルコットは、「古代ギリシャでは人間は生まれつき嫉妬深いものであり、嫉妬は人間の性格や気質の基盤にあると考えられていた」と書き、古代ギリシャの生活では嫉妬が多様な形で現れていたことを紹介している。きょうだい間で、友人同士で、平民と名門の市民の間で……。

これだけではまだ不十分とばかり、古代ギリシャの人々は神様の嫉妬までも心配した。古代ギリシャでは暗黙の了解であったが、自信過剰や傲慢さ（つまりは、驕れる者久しからずというほどの驕り）ばかりでなく、ただ成功し、幸運に恵まれただけでも神の怒りを買うかもしれないとして、神々の嫉妬心をかき立てることを恐れたのだった。

神様を持ち出すことまではしないとしても、このような考え方は多少なりとわれわれにも受け継がれている。二一世紀に生きるわれわれも、水面下では、嫉妬を遠ざける方法をいまだにあれこれ試しているのである。

たとえばわたしは、何かがうまくいくと、ちょっぴりビクビクしはじめる。このままもっとうまくいってしまうと、盛者必衰は世のならいで、このささやかな成功の代償に、何か大きな落とし穴が待っているのではないだろうか、と心配になってしまうのだ。

世界は多くの悲しみに満ちているというのに、わたしだけが引き続いて幸運に恵まれていいはずがない。過剰な自信は寄せつけないようにしなければ、とわたしはくり返し自分に言い聞かせる。いまうまくいっているのは、めったにない幸運のおかげなのだ、と。

「お祈りで神様に何かをお願いする部分は簡潔にすませ、すぐに感謝の言葉を述べる部分に進まなければならない」

W・H・オーデンがよく言っていたのを思い出し、感謝の思いを表さなければいけないような気がしてくる。

*

古代ギリシャのすぐれているところは、ピーター・ウォルコットによれば、嫉妬に制度で対処しようとしたところだ。彼らは一瞬たりとも、嫉妬を抑制できるとは考えなかった。だからその矛先を変えさせ、少しでも毒を薄める方法を編み出したのだ。

たとえば陶片追放《オストラシズム》だ。これは、政治指導者を一定期間、公職から追放することのできる仕組みで、しばしばその人物に対する嫉妬を軽減する方法のひとつとされていた。ギリシャの歴史上、この制度によって追放されたもっとも有名にして、おそらくはもっとも悲しむべきケースといえば、正義の人と呼ばれた政治家アリスティデスであろう。

プルタークによると、アリスティデスが陶片追放されたのは、徳が高すぎたからだという。いったいぜんたい、徳が高すぎるために困るということがあるのかどうかわからないが。あるアテネ市民が、「どこへ行っても彼が正義の人だと聞かされて辟易する」と言ったと伝えられている（ソクラテスも、陶片追放こそされなかったが、極刑に処されたのは同じ理由、つまり徳が高すぎ、高潔すぎたからだと言えるだろう）。

海軍の軍人で政治家だったテミストクレスも陶片追放されたが、彼の場合は民主主義の許容範囲以上のいい暮らしをして、優越感を漂わせていたのがその理由と言われる。陶片による告発にあうと、一〇年間追放されることになっていたが、市民権も財産も失われなかった。追放されても、みな戻ることはできたし、実際に戻るものだと考えられていた。陶片追放の期間は、現代風にいえば冷却期間のようなもので、その人物への嫉妬を時間によって和らげることができた。

古代ギリシャの社会では、競争がごく当たり前にありながら、同じ階級の市民のあいだでひとりだけ浮き出てしまわないように、常に緊張状態があった。だから、運動競技などで勝利をおさめた者が、市民たちに大判ぶるまいしたというような文章をしばしば目にするわけだ。そうしないと、勝者は自分の幸運に対して途方もない嫉妬を招き寄せるはめになる。

ギリシャの人々は嫉妬を、空虚でよこしまであさましく、人の気質までも左右しうる性癖であると考えていた。しかしギリシャ人は、嫉妬をなくすことができると考えていたわけではない。どんなに頑張っても、せいぜい嫉妬をコントロールし、なるべく小さくすることができる程度だ。ギリシャ人にとって嫉妬は人間の本性であり、人によって強さは違えども、いざとなれば必ず首をもたげてくるものなのだ。とぐろを巻いた毒蛇が、一見眠っているように見えても、わずかの刺激で襲いかかってくるように。

*

一方、人の心は改良可能だと思いたがるキリスト教徒は、嫉妬も根絶できると考えた。「愛はねたまない」と聖パウロは言った。したがって問題は、表面的には単純になった。すなわち、汝の隣人を愛せよ、敵であっても愛せよ、ということだ。

イエス・キリストは使徒たちのあいだで、嫉妬の主たる要因、すなわち対抗意識を根絶やしにすることによって嫉妬をなくそうと試みた。現世での報償は小さなものであること、栄誉も富も権力も、来世で得られる栄光にくらべればものの数でないと信じさせようとしたのだ。まなざしを注ぐべきは天国で与えられる褒美であり、それ以外はまるで取るに足らないのであると。

キリスト教徒がこのような見方をするのは、キリスト教の教義を広めることで、嫉妬など入る余地のない楽園を地上に現出できるという希望を持っているからだ。

キリスト教徒であろうとなかろうと、そうした考え方が現実的だと言えるかどうかは、わたしたちが自分自身で判断しなければならないだろう。つまるところ、嫉妬が人間の本質であるのかどうか、わたしたちの腹を決めなければならないのだ。

もしも本質ではないとしたら、わたしたちすべての心から、嫉妬を追放できるかもしれない。もしもこれが、アリストテレスをはじめ古代ギリシャの思想家たちが考えたように人間の本質であるとするならば、問題は嫉妬によるさまざまな損害をどの程度抑えられるか、どうすればもっとも効果的に嫉妬を抑制できるかということになってくる。

残念ながらこれは、いまのところ答えの出ない疑問のようだ。科学や技術はそうとうに進歩したけれども、いまだわたしたちにとって闇のなかにある事柄がふたつある。心がどのように働くかということと、人間の本質を構成しているのが何かということだ。

神経学者であり、つい最近までジョンズ・ホプキンス病院精神科医長だったポール・マクヒューが言うには、精神の研究はまだまだ未発達で、生理学において一七世紀にウィリアム・ハーヴェイが血液の循環を発見した段階にすら達していないらしい。言いかえれば、わたしたちは、精神のもっとも基本的な仕組みや働き方すら知らないということだ。そうした知識がない現状では、人間の本質を探るといっても、せいぜい自分たちの経験に照らし、政治に合わせて、気分のよさ、悪さに合わせて、自分たちでつつき出した何かをあてはめるくらいしかできないだろう。加えて、ちょっとばかりかじった心理学や社会科学、読書の成果などで味つけし、男性とはこういうものだ、女性とはああいうものだと結論づけるのだ。

そうしてできた人間像は、洗練されたホモ・サピエンスから、野蛮きわまりないホモ・ラピエンス（強奪する者）まで幅広い。しかし人間の本質について語るとき――これは誰もが語らずにいられない話題だと思うが、いかがだろう――実際にはわたしたちは暗闇でチークダンスを踊っているようなものなのだ。

その点でいえば、嫉妬が間違いなく人間の本質であると言いきった古代ギリシャの人々は、わたしたちより賢明なのかもしれない。

第13章
野心を抱き、嫉妬も抱き

CHAPTER THIRTEEN

Professional Envy

悪意はときに息絶えるが
嫉妬はけっして息絶えない

ハリファックス卿

嫉妬を見つけたいのなら、まず自分の心を探してみるのがいい。

わたし自身、六〇年以上もの人生のなかでたくさんの嫉妬を経験してきた。もっとも多かったのは、少年時代だろう。

わたしはそれなりに幸福な少年時代を送ったのだが、だからといって、もっと幸せになりたいという願望を抱く妨げにはならなかった。もっと幸せになるいちばん身近な方法といえば、まわりの少年たちが持っているのに自分が持っていない何かを手に入れることだった。

女の子に嫉妬した記憶はない。一〇歳になるまで、自分より見た目のいい男の子や器用な男の子、両親に金がある男の子、頭のいい男の子、人気のある男の子、それに勇敢な男の子たちをうらやましく思ったものだ。どれもこれも、同年代の子たちばかりだった。

カトリックの人たちにまで、そこはかとなく嫉妬していた気がする。わたしが育ったシカゴの街はカトリック人口の比率が高く、そのうえ当時はビング・クロスビーやパット・オブライエン、バリー・フィッツジェラルドといったスターたちがすてきな神父さんを演じる映画が大流行りしていた。そんな時代だったものだから、アメリカ人として最高に成功する道は、カトリックになることだと思えたのだ。

思春期になると嫉妬の品数も増え、しかも深くなった。女の子たちの目から見て自分よりすてきな男子をねたみ、運動能力のすぐれた男子をねたみ、世のなかにごく自然に溶け込んでいるように見える男子をねたんだ。

はじめてヤキモチをやいたのも、この頃だった。かわいいけれども、惚れっぽい性格の彼女ができたのだ。ヤキモチをやくと、とてつもない想像ができるもので、およそどんな男を見ても、彼女がぼくより向こうになびいてしまうのではないかと、始終、悶々としたものだ。しかし、嫉妬の感情はそれとはまるで違っていて、そんなに煮つまってもいなかったし、ふわふわと実体がなく、それでいていろんな場面に顔を出してきた。

決まり文句にあるような「嫉妬に食いつくされる」思いをしていたわけではないが、重大なことよりはむしろささいな場面で、嫉妬はしょっちゅう頭をもたげてきた。

わたしはずいぶんと自由な少年時代を過ごしていたが、自分よりもさらに自由で、そのうえもっとおこづかいを持っていて、その分もっと自由な少年たちも知っていた。いわゆる非行少年ものの小説を読みあさっては、社会の底辺で生まれ育った少年たちにあこがれた。何しろそういう小説によれば、彼らの世界では、いくらでも手軽にセックスを楽しめるようだったのだ。たくましい力こぶができることからトニー・カーティス風の髪型まで、思春期の頃は、嫉妬をおぼえずにいられるものなど世のなかにはないように思えた。

ただ、四六時中いろいろなことに嫉妬をおぼえていたとはいえ、どれも深刻に尾を引くものではなかった。ほとんどがごく正常の範囲だった。

若い頃はどうしても、嫉妬の相手が自分より運のいいやつだと思いがちだ。それは、自分の人生にとって何が重要なのかを知らないからだ。だから手当たりしだい何でも欲しくなり、キリがなくなる。車で通りかかった郊外住宅地の豪勢な家が欲しくなったり、口をきいたことさえない美人のチアリーダーに愛されたくなったり、かっこいい車やら素敵な服やら日焼けやら、何でも欲しくなって、いろいろなものに嫉妬するのだ。

＊

特定のものに嫉妬を感じるようになったのは、自分が作家になりたいと決めてからだった。そう決心するやいなや、たちまち同年代の作家たち、特にその道で自分よりずっと先を進んでいる連中に、嫉妬を感じるようになった。

詩の雑誌の寄稿欄を読んでいて、その号に三篇の詩が掲載されている女性が自分よりふたつも年下だと知ったとき、詩人を志していたわけでもないのに、一日中暗い気持ちになった。

自分と同じ年齢か年下の人間が本を出し、さらにはそれがいい本だったとき、動揺ではすまないくらいに気持ちをかき乱された。

そんなやつは死ねばいいとまで念じたわけではない。ただ、わたしの業績がまず世に知られるまで自作を発表するのを控えるだけの慎みはないのかといぶかしく思い、彼らの躍進を何とか止めてやりたかった。つまりは、野心を抱きつつ嫉妬を抱かないでいるのは難しいということだろう。

仕事の上で業績をおさめると、どうやら同業者とのあいだに嫉妬を生み出さずにはすまないようだ。

アメリカの三大文芸評論家と言われる人たちは、もう何年ものあいだ口をきいていない。自他ともに認める大作家なのに、同業者の成功をどうしても受け入れられないという人物も身近に知っている。どんなに小物の小説家であっても、売れたという話を聞くと我慢ならないらしい（ジョージ・ギッシングの『三文文士』に出てくる人物の言葉を借りれば、「ほかの職業のことは知らないが、小説家の世界ほど嫉妬や憎悪や悪意にまみれていないことを祈るよ」)。

文芸の世界で、いまもっとも読者が少ないのは詩人たちだ。だから芸術に携わる人たちのなかでもいちばん、容赦なく嫉妬をむき出しにするように思える。しかし、もっと大勢の聴衆に恵まれている音楽家たちも、嫉妬に関してはほかに引けをとらないらしい。クーセヴィツキーは、ボストン交響楽団の指揮をよくイーゴリ・ストラヴィンスキーに任せていた。それというのも、「作曲家兼指揮者」なら指揮者一筋の人間のまともなライバルにはならないと感じていたからだ、という話をつい最近読んだ。


嫉妬が毒を帯びてくるのは、レベルを超えて強くなったとき、そしてまた、手当たりしだい何にでも嫉妬するのは卒業してもいいような年齢になっても、まだそこら中で嫉妬をおぼえているようなときだろう。

わたしもこれまで、人を嫌ったり見下したりバカにしたり、ときには憎んだりもしてきたが、純粋な毒を含んだ嫉妬を他人におぼえたことがあっただろうか。そうは思えないという自分が、本物であると願いたいものだ。とはいえ、分別盛りといっていい歳になった

第13章
野心を抱き、嫉妬も抱き

いまでも、愚かしく、報われない嫉妬の念に胸を刺しつらぬかれることはある。在米英国大使であったハリファックス卿も書いているように、「悪意はときに息絶えるが、嫉妬はけっして息絶えない」のだ。

第14章

嫉妬からの自由を求めて

CHAPTER FOURTEEN

Poor Mental Hygiene

解き放たれてしまった嫉妬は

取りつかれた人物の持つすべてを食いつぶしていく

ジョゼフ・エプスタイン

「欲望のない人生をわたしは知らない」

イタロ・ズヴェーヴォが著わした『ゼーノの意識』の主人公ゼーノは言っている。わたしも同感だ。

いまのいまであっても、壮麗な屋敷に足を踏み入れたら、その家を所有したいという思いがわき起こってくるのを抑えられない。

スマートな車を見かけたら、海岸線をドライブする自分の姿を想像してしまう。

詩人や小説家が巨額の賞金を得たと知ると、驚くなかれ、自分のほうがずっと価値ある素材なのにと思ってしまう。

ポール・ヴァレリーの明晰さと深い洞察力は、常々わたしの羨望の的だった。

彼は、「光に包まれ、たいそう幸せそうに見える者、たいそう美しく見える者に出会うと、生きることの妙味さえ失われるような心地がする」と書いている。

そんな気持ちはわたしにもよくわかるのだが、こうしたさざなみにも似た嫉妬は、どれも長続きしない。まがうかたない嫉妬というよりは、むしろ束の間の空想に近い。近頃では、現実が駆け足で割り込んできてしまうのだ。大きな屋敷を維持するには莫大な費用（庭の手入れや暖房費、税金など）がかかるなとか、オープンカーだと冬は寒いなとか、文壇最高の賞を受賞した作家が品性下劣だなとか思ったとたん、ふくらんでいた嫉妬は、風船からガスが抜けていくように、音を立ててみるみるしぼんでいくのだ。

加えて、わたしは、自分の人生が中庸なままで終わることを受け入れる心境になってきている。不安にかられたり、借金をしたり、自分や愛する者が必要以上に生活を切りつめたりしないですむ程度の財産があればいい。この世で得られそうな名誉は十分に得ることができたし、賞讃を受けるにはそうとう高い水準が必要だと知っているので、年がら年中、賛辞をあびたり名声を得たり賞をもらったりしなくても、まあまあ平穏に生きていけることもわかってきた。

自分が見識をきわめたとまでは言えないが、何事か成し遂げるということに関して世間の判断はさほど正確ではなく、だからわたしの才能を十分にわかってもらえなくとも、あまりカリカリしなくていいのだと思えるようになった。

自分にふさわしい仕事を見つけ、友人を見つけ、何より人生の伴侶にこれ以上ないくらいの妻と出会えたわたしは、とびきり幸運だ。自分が幸運だと感じる人間は、無情な嫉妬が不穏当なものであると感じる――少なくとも、そうあるべきだとわたしは思う。

しかし幸運な人間であっても、ほとばしる嫉妬を感じるときはある。数年前、わたしは『嫉妬深い人たちに贈る言葉』というエッセイを書き、最後に自分がいまでも嫉妬を感じるあれこれの一覧表をつけた。表のなかで金がかかる項目はたったひとつ――水辺を眺めることができる、手入れのいい小ぢんまりとした家だけだ。それ以外は金では買えないものか、その時点のわたしにはとうてい手に入れられないものだった。

たとえば、立っている姿勢からバック転ができる人をわたしはうらやむし、戦争に行って自分の勇敢さを試され、なおかつ無傷で戻ってきた人たちをわたしはうらやむ。外国語をやすやすと操れる人、聴衆を魅了し、舞台がこのまま終わらないでほしいと感じさせることのできる音楽家や役者、荷物ひとつで世界を旅する人、すばらしく姿勢のいい人――当時もそうだったが、いまでもわたしはそういった人々をうらやんでいる。しかし何よりも、神に愛でられたごく少数の人々をわたしはうらやむ――人生とは儚い契約であり、(名のない)何者かにいつでも取り消されうるものであることを知りつくし、一日ごと、一時間ごと、一分ごとをあるがままに生きることのできる、ごく限られた人々を。

*

嫉妬にはいろいろな側面があるが、何といっても精神エネルギーのおおいなる無駄遣いだ。嫉妬が人間の本質であるかどうかは明らかでないが、これだけは確実に言える。解き放たれてしまった嫉妬は、取りつかれた人物の持つすべてを食いつぶしていくのだ。

嫉妬が動きはじめると、判断は雑になり安っぽくなる。人間の精神がどのように働くものであれ、嫉妬は間違いなくその過激な形であり、だからこそわたしたちは、嫉妬を見極め、戦わねばならないのだ。その唯一の武器は、自分に誠実であること、自分を分析すること、そしてバランスのとれた判断力を持つことだ。

宗教的な考え方が信条に合わないという人や、「原罪」の考えに意味を見出せない人には、嫉妬を罪という側面からではなく、精神衛生の面から考えることをおすすめしたい。嫉妬はあなた自身、そして（あなたが嫉妬している）相手を見る目をくもらせ、ひいては自分自身をもまともに評価できなくしてしまう。嫉妬の対象をきちんと見つめることができる者などいない。思考力を鈍らせ、寛大さを打ち負かし、穏やかさをかき乱し、最後には心を小さくしぼませてしまうのだ。

これだけでも、ありったけの精神力を使って、嫉妬から自由になるべく戦う理由になるだろう。

私は「嫉妬」に嫉妬する

香山リカ

精神科の診察室でも、ときどき「嫉妬」に出合うことがある。

いちばん多いのは、「妻の嫉妬」である。「夫の浮気」が発覚したのがきっかけとなり、夫やその浮気相手の女性に激しく嫉妬し、不眠や食欲不振、情緒不安定に陥っていく。

「夫に裏切られました……」とうつむく妻の表情は暗く、顔色は蒼ざめていることが多い。

そういう妻の大半は、四〇代から五〇代。結婚歴は一五年から二〇年、子どもは中学生か高校生だ。専業主婦が多いが、専門職についている女性もいる。派手ではないが品のよい服装やヘアスタイルをしており、ほとんどが実年齢より若く見える。

彼女たちに、私は必ず尋ねることにしている。

「ご主人の浮気ですか。それはショックですね。でも、それ以来、そんなに落ち込んでいらっしゃるということは、ご主人に対してまだまだ愛情があるということですね」

すると、妻たちの八割ははっとしたような顔をして、それから深く考え込む。

「愛情？　……愛情ですか。どうなんでしょう。夫を愛しているか、ということですよね。そうきかれると、『ええ、もちろん』と言い切れるかどうか、自信はありません……」

中にはもっとはっきり、「家族なので情はあるが、それは愛情とは違う」と言い切る人もいる。

つまり、妻たちは夫を愛してやまないからこそ、その浮気にショックを受け、夫や愛人に嫉妬しているわけではない、と言うのだ。だとすると、その嫉妬の源泉になっているのは、いったい何なのだろう。

あるとき私は、そういう妻のひとりにストレートにきいてみた。

「ご主人に対して異性としての愛は感じない、とおっしゃいましたよね。だとしたら、浮

気したご主人にそこまで嫉妬の感情を感じるのは、どうしてなのでしょうか」

知的で言語能力の高い彼女は、一生懸命、「夫が許せない、愛人を妬んでしまう」という自分の感情を分析しようと試みた。そして、首をひねりながらこう答えたのだ。

「そうですね、ひとつは支配欲、独占欲ですかね。これまで私だってほかの恋愛の可能性を放棄して夫との結婚生活を送ってきたのに、向こうだけ自由に恋愛を楽しませてなるものか、という感情。それからもうひとつは、自分より若い女を選んだ、ということで、私の価値がおとしめられた、という自尊心の傷つきです。だからもしここで、夫より数段、社会的地位の高いイケメン男性が、私への恋愛感情を告白してくれたら、こんな嫉妬なんて吹き飛んでしまうかもしれません。夫を愛しているとか愛してほしい、という感情とは、この嫉妬は全然、関係ないんですよ」

私は、このクールな分析に舌を巻いた。

ときどき、嫉妬の対象になっている夫にも、妻に同伴して診察室に来てもらうことがある。そのほとんどは、こう言っては何だがどこにでもいる〈ふつうの中年男性〉で、妻と愛人が激しい奪い合いを繰り広げる対象としては、いささか物足りない印象を受ける場合が多い。

「奥さま、あなたの行動によってとても傷ついて、嫉妬の感情に苦しみ、結果的にうつ病にまでなっていらっしゃいます」

私がそう告げると、夫たちは決まって感動したような表情になって、こう言う。

「そうか、おまえがそんなにオレのことを思ってくれていたなんて……。おまえの気持ちにも気づかなかったオレが悪かった。ごめん、ちょっと魔がさしただけだ。あんなの、ただの遊びだよ」

夫は、妻の嫉妬の本質は「自分への愛情」だと信じて疑っていないのだ。妻は、うつむいてハンカチで目をおおって泣いている。そこで私が、「いやいや、ご主人、奥さんはあなたを愛しているから嫉妬しているのではありません。自分の自尊心が傷ついたから、自分はがまんしているのにあなただけ楽しい思いをしたことが許せないから、妬みの気持ちを抱いているのです」と真実を伝えるのも野暮というものだ。

妻の愛情を確信した夫は、泣き続ける妻の肩を抱くようにして、診察室から出て行く。

妻は妻で黙って〈夫一途の妻〉を演じ続け、おそらく帰りにブランドもののバッグかダイヤのペンダントでも買ってもらうのではないだろうか。

まあ、夫婦の傷がそれで修復されるなら、少々の誤解があってもよいだろう。私はそう思いながら、診察室を出て行く夫婦の後ろ姿を黙って見送る。「嫉妬」をめぐる夫婦の意識差が、結局は夫婦の絆を深めることもしばしばだ。

嫉妬。なんて複雑で奥が深い感情なのだろうか。精神科医の読みの上を行くかのような「嫉妬」という感情に、嫉妬したくなる私である。

著者紹介

ジョゼフ・エプスタイン
Joseph Epstein

1937 年アメリカ、シカゴ生まれ。
編集者、エッセイスト。
“The American Scholar” の編集者として活躍。
また、1974 年から 2002 年まで
ノースウェスタン大学の講師も務めた。
“The New Yorker”“New York Times Magazine” など
多くの紙誌にエッセイ、評論を寄せて人気を博す。

訳者紹介

屋代 通子
やしろ　みちこ

1962 年兵庫県西宮市生まれ。横浜育ち。
大学で国語学を学んだ後、出版社で翻訳校正業務に携わり、
翻訳の道に入る。
現在は札幌市在住。
主な訳書に『シャーマンの弟子になった民族植物学者の話』上・下、
『オックスフォード・サイエンス・ガイド』（以上築地書館）、
『子ども保護のためのワーキング・トゥギャザー』（共訳・医学書院）
などがある。

嫉妬の力で世界は動く

2009 年 10 月 30 日　初版発行

著者　ジョゼフ・エプスタイン
訳者　屋代通子
発行者　土井二郎
発行所　築地書館株式会社
〒104-0045
東京都中央区築地 7-4-4-201
TEL 03-3542-3731　FAX 03-3541-5799
http://www.tsukiji-shokan.co.jp/
振替　00110-5-19057
印刷・製本　シナノ印刷株式会社
イラストレーション　Hulot 636
装丁　今東淳雄（maro design）

　ISBN 978-4-8067-1394-4 C0098

ENVY.
ENVY.